MIP

ENGLISH-RUSSIAN
TRAFFIC
DICTIONARY

АНГЛО-РУССКИЙ
ДОРОЖНО-ТРАНСПОРТНЫЙ
СЛОВАРЬ

**БОЛЕЕ 10 ТЫСЯЧ
СПЕЦИАЛЬНЫХ ТЕРМИНОВ**

**MORE THAN
10,000 SPECIALIZED TERMS**

Moscow International Publishers

Traffic Dictionary
English – Russian

Prepared by the editorial board of Moscow International Publishers.

Published by Moscow Inernational Publishers, Russia
Executive Director Alexey Bykov
Printed in Russia.

Worldwide copyright:
M.I.P. – Moscow International Publishers
ISBN 5–900628–07–8

All rights reserved, including the right to reproduce this book or portions thereof in any form whatsoever. For information address M.I.P. – Moscow International Publishers, Nauchnyi proezd 12, 117802 Moscow, Russia. Phone (7 095) 120 25 36. Fax (7 095) 120 84 39.

Предисловие

Выходом "Англо-русского дорожно-транспортного словаря" издательство "М.И.П. — Москоу Интернэшнл Паблишерз" продолжает серию специализированных словарей, не имеющих аналогов с точки зрения насыщенности терминологией, точности формулировок и удобства использования. Предыдущие издания "М.И.П." уже заняли достойное место не только на российском, но и на зарубежном рынке словарной продукции.

"Англо-русский дорожно-транспортный словарь" предназначен для широкой аудитории, начиная от изготовителей и владельцев современных транспортных средств и заканчивая сотрудниками государственных инспекционных служб. Новый словарь включает более 10 000 терминов из различных областей, связанных с производством, использованием и ремонтом автомобильного транспорта, проведением дорожных работ, международными правилами дорожного движения и сигнальной разметки. Обширную лингвистическую базу словаря составляют термины, обозначающие названия деталей, узлов и механизмов дорожного (авто- и мото-) транспорта, инструментов для ремонта, материалов, использующихся в автомобильной промышленности и при укладке дорожного покрытия. Работники транспортных и авторемонтных служб найдут его очень полезным в работе с импортным оборудованием, англо-язычными схемами и инструкциями, при оформлении дорожных документов, аренде и купле-продаже автомобилей.

Предлагаемый вашему вниманию словарь получил высокую оценку российских и датских экспертов, принимавших активное участие в работе по его подготовке.

Алексей Быков,
исполнительный директор "М.И.П. — Москоу Интернэшнл Паблишерз"
Россия,
1996

Abbreviations and designations

Where it has been found appropriate, the dictionary makes use of the following abbreviations and designations to describe the primary field of application of the relevant entries:

auto = автомобили
cycle = велосипеды
gear = механизмы, приспособления
motor = моторы, двигатели
motorcyc. = мотоциклы
road = дорога, дорожные работы
screw = винты
tech. = техника
tool = инструменты
traf. = движение

Word classes:

adj. = adjective
vb. = verb

Practical Comments

English words are spelled in accordance with acknowledged British—English standards, except in cases where the word is obviously of American extraction.
Composite words have been included where it has been found relevant to illustrate the use of the word.
(US) and (UK) mark American and British—English usage, respectively.

A

A &(and) M (assembly and maintenance) *сборка и техническое обслуживание*

a (ampere) *ампер*

A (area) *зона, область, район*

AADT (average annual daily traffic) *среднегодовой показатель ежедневного движения*

Abel-flashpoint *температура вспышки (горючего или масла) по Абель-Пенскому*

ability *способность*

abradant *абразив, абразивный (шлифовальный) материал*

abrading process *процесс очистки, процесс шлифовки*

abrasing machining *механическая шлифовка*

abrasion *абразивное истирание, абразивный износ, истирание, шлифование*

abrasion hardness *твердость на истирание*

abrasion index *коэффициент абразивного износа*

abrasion resistance *износостойкость*

abrasion resistance index *показатель износостойкости*

abrasion test *испытания на (абразивный) износ, испытания на абразивное истирание*

abrasive *абразив, абразивный материал*

abrasive ability *абразивная способность*

abrasive agent *абразивное вещество*

abrasive cloth *абразивное полотно, наждачное полотно, шкурка*

abrasive coat *абразивное покрытие*

abrasive compound *абразивная смесь, составной абразив*

abrasive contaminant *абразивная примесь*

abrasive dust *абразивная пыль*

abrasive fluid *абразивная жидкость*

abrasive grit *зернистость (абразива)*

abrasive machining *абразивная обработка*

abrasive material *абразивный материал*

abrasive paste *абразивная паста*

abrasive polishing *абразивная полировка*

abrasive powder *абразивный порошок*

ABS (antilocking brakes) *незаклинивающиеся тормоза*

ABS (antiskid brake system) *противоскользящая тормозная система*

absorb *амортизировать, гасить, поглощать*

absorber *амортизатор, поглотитель*

absorber rod *стержень амортизатора, шток амортизатора*

AC (alternating current) *переменный ток*

acc (accident) *ДТП (дорожно-транспортное происшествие), несчастный случай*

ACC

ACC (accumulator) *аккумулятор, аккумуляторная батарея*
acceleration *выход (двигателя) на режим, движение с ускорением, приемистость (двигателя), разбег, разгон, увеличение числа оборотов, ускорение*
acceleration jet *жиклер насоса-ускорителя*
acceleration lane *скоростная полоса (шоссе)*
acceleration of fuel *испаряемость топлива*
acceleration time adjuster *дроссельный пакет регулировки времени приемистости (двигателя)*
acceleration with afterburner *разгон при включенной форсажной камере*
accelerator [auto] *акселератор; катализатор, педаль управления дроссельной заслонкой*
accelerator pedal [auto] *педаль акселератора; педаль газа*
accelerometer [auto] *акселерометр; тахогенератор*
access [road] *подъезд*
access conditions [road] *состояние подъездных путей*
access expressway *подъездная дорога, подъездное шоссе*
accessories *аксессуары, вспомогательное оборудование, дополнительные принадлежности*
accident *авария, несчастный случай, происшествие*
accident advisory sign *знак, предупреждающий об опасности*
accident analysis *анализ случайностей (несчастных случаев, дорожных происшествий)*
accident frequency rate *статистика дорожных происшествий*
accident prevention *профилактика аварий*
accident severity *серьезность дорожных происшествий*
accumulator *аккумулятор, аккумуляторная батарея, накопитель*
accumulator acid *электролит (кислотного) аккумулятора*
accumulator battery *аккумуляторная батарея*
accumulator capacity *емкость аккумулятора или (аккумуляторной) батареи*
accumulator charger *зарядное устройство (аккумуляторной батареи)*
accumulator starting battery *стартерная аккумуляторная батарея*
accumulator storage battery *аккумуляторная батарея*
accurate formation level [road] *точность закладки земляного полотна*
ACI (automatic car identification) (US) *автоматическая система идентификации автомобилей*
acid *кислота*
acid accumulator *кислотный аккумулятор*
acme screw thread *трапецеидальная винтовая нарезка*
acme thread *трапецеидальная нарезка*
acorn nut *колпачковая гайка*

acoustic absorbent звукопоглощающий материал, шумопоглотитель
acoustic absorber звукопоглощающий материал, шумогаситель
acoustic absorption звукопоглощение
acoustic alarm акустическая тревога
acoustic alarm device устройство акустической тревоги
active aerial активная антенна
active anchor анкерное устройство с домкратом, регулируемый анкер
active anode анод протекторной защиты от коррозии
active cooling system активная система охлаждения
active suspension активная подвеска
actuate включать, заводить, запускать, приводить в действие
actuating pressure adjustment регулировка рабочего давления (в тормозной системе)
actuation включение, завод, запуск
actuator датчик, исполнительный механизм, привод
adapter sleeve закрепительная втулка, патрубок, переходная муфта, переходной конус, штуцер
adapter socket втулка, ниппельная муфта
adapter wrench разводной гаечный ключ
addendum головка зуба зубчатого колеса
addendum angle профиль зуба зубчатого колеса
addendum circle окружность вершин зубьев (зубчатого колеса)
addendum flank ножка зуба (зубчатого колеса)
addendum line окружность вершин зубьев (зубчатого колеса)
additional implements дополнительный инструмент
additional lane [road] дополнительная полоса движения
additive test испытание (смазочного масла) на содержание добавок
addn (addition) присадка
adhesion приемистость (двигателя, автомобиля)
adjustable constant speed motor электродвигатель с регулируемой неизменной скоростью вращения
adjustable end wrench [tool] разводной гаечный ключ
adjustable face wrench [tool] разводной торцевой ключ, штифтовый гаечный ключ
adjustable fan casing регулируемый корпус вентилятора
adjustable head-restraint регулируемый подголовник
adjustable height of wheels регулируемая высота колес
adjustable open-end wrench [tool] разводной трубный ключ
adjustable saddle регулируемое сиденье велосипеда
adjustable shock absorber амортизатор с регулируемой характеристикой, регулируемый амортизатор
adjustable spanner [tool] разводной ключ
adjustable wrench [tool] разводной гаечный ключ
adjustage насадка, штуцер

ADJ

adjuster *регулировочное приспособление, регулятор*
adjusting device *установочное (регулирующее) приспособление*
adjusting gauge *установочный шаблон*
adjusting grinding *шлифование для подгонки*
adjusting lever *регулировочный рычаг*
adjusting nut *регулировочная гайка*
adjusting ring *регулировочное кольцо, стопорное кольцо*
adjusting roller *регулировочный ролик*
adjusting screw *регулировочный (установочный) винт, юстировочный винт*
adjusting screw slot *регулировочный шлиц под отвертку*
adjusting screw thread cutting *регулировочное резьбонарезание*
adjusting strip *установочная прокладка*
adjustment *выверка, корректировка, наладка, настройка, подгонка, регулирование, регулировка, установка, юстировка*
adjustment nut *установочная гайка*
adjustment of average *регулировка по среднему*
adjustment of ignition *регулировка зажигания*
adjustment of joints *выверка соединений*
adjustment pin *установочный штифт*
adjustment range *диапазон (пределы) регулирования*
adjutage *мундштук, патрубок, форсунка*
admission pipe *впускная труба*
admission port *входное отверстие*
admission valve *впускной клапан*
advanced acceleration *встречная приемистость (увеличение режима работы двигателя с этапа сброса газа)*
advanced ignition [motor] *зажигание с опережением; раннее зажигание*
advance direction sign [road] *указатель направления движения*
advance fire *опережение зажигания;* [motor] *преждевременное воспламенение*
adverse camber [road] *поперечный уклон*
advisory diversion *разгрузочное ответвление дороги*
aerial *антенна*
aerial amplifier *антенный усилитель*
aerial cable *антенный кабель*
aerodynamic brake *аэродинамический тормоз*
aeromobile (US) *аэромобиль, транспортное средство на воздушной подушке*
aerosol *аэрозоль*
aerosol coating *нанесение покрытия аэрозолем*
aerosol dispenser *дозатор аэрозоля*
aerosol paint *краска в аэрозольной упаковке*
aftercooler *теплообменник последней ступени наддува*
afterdribble *просачивание (подтекание) форсунки*

AGT

agt (agent)   *присадка*
AGV system   *автоматизированная транспортная система*
Ah (ampere-hour)   *А.ч (ампер-час)*
air-acetylene welding   *ацетиленокислородная сварка*
air-assisted hydraulic brake system   *пневмогидравлическая тормозная система*
air bag   *надувная оболочка, пневмоподушка*
air-bag safety system   *система, предохраняющая от травм (при аварии автомобиля) с помощью надувных оболочек*
air bearing   *воздушный подшипник*
air-blast injection diesel engine   *дизельный двигатель с компрессорным впрыском топлива*
air bleed   *жиклер*
air-bleed duct   *воздухоотборный трубопровод*
air bleeder   *клапан для выпуска воздуха*
air bleed system   *система отбора воздуха (от компрессора)*
air brake system   *система пневматического тормоза*
air breather   *вентилятор*
air carbon-arc cutting   *воздушная дуговая резка угольным электродом*
air choke   *воздушная заслонка*
air cleaner   *воздухоочиститель, воздушный фильтр*
air cleaning filter   *воздушный фильтр*
air-cushion shock absorber   *пневматический амортизатор*
air fan   *воздушный вентилятор*
air-fuel ratio   *соотношение компонентов рабочей смеси, соотношение компонентов топливо-воздушной смеси, состав горючей смеси, состав рабочей смеси, состав топливо-воздушной смеси*
air horn   *воздушная горловина*
air pressure brake   *пневматический тормоз*
air pressure gauge   *воздушный манометр, датчик-измеритель воздушного давления*
ALB (antilocking brakes)   *антиблокировочный тормоз*
aligning wheel   *направляющее колесо*
alimentary pipe   *питательная трубка*
alkali   *щелочь*
alkaline accumulator   *щелочной аккумулятор*
Allen key   [tool] *секстантный (торцевой) ключ*
Allen screw   *установочный винт*
Allen wrench   [tool] *секстантный (торцевой) ключ*
alligator shears   [tool] *аллигаторные ножницы; рычажные ножницы*
alligator skin   *'крокодиловая кожа' (дефект поверхности)*
alligator wrench   [tool] *аллигаторный (трубный) ключ*
all-terrain vehicle (AT vehicle)   *вездеход*
all-wheel drive (awd)   *полный привод на передний и задний мосты*

ALT

altenator brush щетка генератора
alternative route вариантный маршрут, объезд
alternative routing вариантная трасса, объездные пути
alternator генератор переменного тока, синхронный генератор переменного тока
alternator asynchronization асинхронный генератор переменного тока
aluminothermic welding термитная сварка
aluminum-bodied car автомобиль с алюминиевым кузовом
AM (ammeter) амперметр
am (ammeter) амперметр
American screw thread американская винтовая резьба
American standard thread американская нормальная резьба, резьба Селлера
amp (ampere) ампер
angle of convergence угол слияния (транспортных потоков)
angle of impact угол столкновения
angle of lead угол опережения
angle of repose [road] угол естественного откоса
angle of rest [road] угол естественного откоса
angle of retard угол задержки
angle of rotation угол поворота (вращения)
angle of slope угол наклона
angle ring (компрессионное поршневое) кольцо с внутренней выточкой
angular ball bearing радиально-упорный шарикоподшипник
angular contact ball bearing радиально-упорный шарикоподшипник
angular contact bearing радиально-упорный шарикоподшипник
angular thread винтовая нарезка
annular air gap кольцевой воздушный зазор
annular bearing радиально-упорный подшипник
annular groove кольцевая (конусообразная) канавка
annular rubber ring уплотнительное резиновое кольцо
annulus зазор
antechamber compression ignition engine дизель с предкамерой, предкамерный дизель
antifogging agent средство, предотвращающее запотевание (стекла)
antifriction bearing антифрикционный подшипник, подшипник качения, подшипник с антифрикционным вкладышем
antifriction metal антифрикционный сплав, подшипниковый металл
antiglare fence неослепляющее ограждение
antiglare headlight неослепляющая фара
antiknock additive антидетонационная присадка, противодетонационная добавка

antiknocking value [motor] *антидетонационная характеристика; октановое число (бензина)*
antiknock quality [motor] *антидетонационная стойкость (топлива); антидетонационное качество*
antiknock rating [motor] *детонационная характеристика*
antilock brake system (ABS) *противоблокировочная тормозная система*
antilocking brakes (ALB) *неблокирующиеся тормоза*
antilocking system *противоблокировочная система*
antimotoring switch *выключатель блокировки двигателя*
antiradar [auto] *антирадар*
antiroll bar [auto] *стабилизатор поперечной устойчивости*
antiskid brake system (ABS) *противоблокировочная тормозная система*
antiskid chain *колесная цепь, цепь противоскольжения*
antislip serration *протекторный рисунок, противодействующий скольжению*
antispray guard (plate) *брызгоотражатель*
antitheft alarm [auto] *противоугонная сигнализация*
antiwing (spoiler) *антикрыло (накладка)*
aperture *диафрагма, отверстие*
application for a licence *заявление на предмет получения лицензии (водительских прав)*
application of brakes *приведение в действие тормозной системы*
arbor *вал, шпиндель*
arch *дуга*
arm *лапа, плечо, рукоятка, ручка, рычаг*
armature *якорь (электромагнита)*
armature bar *статорный стержень, якорный стержень*
armature body *сердечник якоря*
armature coil *обмотка ротора, обмотка якоря*
armature core *сердечник якоря*
armature spider *крестовина ротора, крестовина якоря*
armature winding *обмотка ротора, обмотка якоря*
armoured cord *армированный корд*
armrest *подлокотник сиденья*
A-road *шоссе класса А*
arrester *защелка, ограничитель, предохранитель, стопор, упор*
arrow *стрелка (прибора), указатель (дорожный)*
arrow engine *двигатель с V-образным расположением цилиндров*
arterial highway *автомагистраль, автострада*
arterial road *автомагистраль, автострада*
articulated arm *манипулятор шарнирной конструкции, рука шарнирной конструкции*
articulated bus *двухсекционный автобус*

ART

articulated coupling *многозвенная сцепка, шарнирная муфта*
articulated suspension shock absorber *рычажный амортизатор*
articulated vehicle *автомобиль с шарнирно-сочлененной рамой, тягач с полуприцепом*
articulation *сочленение, центр шарнира*
artificer *механик*
artificial leather *искусственная кожа*
asphalt *асфальт, битум*
asphalt (vb.) *асфальтировать*
asphalt(ic) concrete *асфальтобетон*
asphalt (US) *битум*
asphalt coating *битумное покрытие*
asphalt cold mix *асфальтобетонная смесь, уложенная в холодном состоянии*
asphalt cork slab *верхний слой асфальтобетонного покрытия*
asphalt covering *асфальтовое покрытие*
asphalt emulsion (US) *битумная эмульсия*
asphalter *асфальтоукладчик (рабочий)*
asphalt finisher *асфальтоотделочная машина*
asphalt floor *асфальтовый настил*
asphalt floor(ing) *асфальтированная проезжая часть моста*
asphalt-grouted macadam *асфальтобетон, щебеночное покрытие с пропиткой битумом*
asphaltic concrete with high stone content *асфальтобетон с большим содержанием гравия*
asphaltic concrete with low stone content *асфальтобетон с низким содержанием гравия*
asphaltic concrete with tar binder *асфальтобетон на смоляном вяжущем, смолобетон*
asphalting *асфальтирование*
asphalt laying *укладка асфальта*
asphalt macadam *щебеночное покрытие с пропиткой битумом*
asphalt paint *битумный лак*
asphalt road covering *асфальтовое дорожное покрытие*
asphalt surfacing *асфальтовое покрытие*
asphalt worker *дорожный рабочий*
aspirating cylinder *отсасывающий цилиндр*
aspiration *всасывание*
aspirator *вентилятор*
as-rolled end *плоская концевая часть с резьбой*
asynchronous tachometric generator *асинхронный тахогенератор*
asynchronous transmission *асинхронная передача*
аЯЯ (acceleration) *разгон, ускорение*
atomizer *разбрызгиватель (стеклоочистителя), распылитель, форсунка*

atomizer nozzle *форсунка*
atomizing oil burner *распылительная мазутная форсунка*
attachment *приспособление, устройство*
attachment bolt *крепежный болт*
attachment flange *соединительный фланец*
attack by corrosion *коррозионное воздействие, коррозия*
attemperator *регулятор температуры, термостат*
AT vehicle (all-terrain vehicle) *вездеход*
auger bit *винтовое сверло (для коловорота)*
auto-aerial *автомобильная антенна*
auto-alarm *автосторож (система охранной сигнализации), звуковой сигнал автомобиля*
autobahn *автомагистраль*
autocrane *автокран*
autocycle *мотоцикл*
auto deck *автомобильная палуба, автомобильная покрышка*
auto diesel oil *автомобильное дизельное топливо*
autogas *автомобильный бензин*
autogenous cutting *газовая резка*
autogenous flame *пламя автогенной горелки*
autogenous welding *автогенная сварка, газосварка, сварка автогеном*
auto graveyard *автомобильное кладбище*
auto-ignition *автоматическое зажигание*
automaker *производитель автомобилей*
automatic *автоматический*
automatic advance *автоматическое опережение (зажигания)*
automatic centrifugal clutch *автоматическое центробежное сцепление*
automatic change-over *автоматическое переключение*
automatic change-over switch *автоматический переключатель*
automatic circuit breaker *автоматический размыкатель цепи, автоматическое реле*
automatic control actuation *автоматический запуск, автоматически управляемое включение*
automatic coupling *автоматическое соединение, автосцепка*
automatic locking *автоматическая блокировка*
automatic slack adjuster *автоматический регулятор хода*
automatic starter *автоматический стартер, автоматическое пусковое устройство*
automatic starting device *автоматическое пусковое устройство*
automatic stopping device *автоматическое устройство для затормаживания*
automatic suction pump *автоматическая помпа*
automatic thermo-electric switch *автоматический термоэлектрический выключатель*

automatic transmission *автоматическая коробка передач, автоматическая трансмиссия*
automobile *легковой автомобиль*
automobile factory *автомобильный завод*
automobile industry *автомобильная промышленность*
automobile tyre *автопокрышка*
automotive *автомобильный*
automotive alternator *генератор автомобиля*
automotive enamel (US) *автоэмаль*
automotive factory (US) *автомобильный завод*
automotive glass *автомобильное стекло*
automotive paint shop *мастерская по покраске автомобилей*
automotive pollutants *загрязняющие выхлопы автотранспорта*
automotive wheel cover *декоративный колпак колеса автомобиля*
auto-signal *автосигнал*
autosilo *многоэтажный гараж*
autotruck *грузовик*
autotruck (US) *грузовой автомобиль*
auxiliary fuel tank *дополнительный топливный бак*
auxiliary motor *серводвигатель*
auxiliary signal *дополнительный сигнал*
auxiliary spring *дополнительная рессора*
auxiliary starting winding *вспомогательная пусковая обмотка*
auxiliary tank *дополнительный топливный бак, расширительный бачок системы охлаждения*
auxiliary tool *подсобный инструмент*
auxiliary traffic lane *дополнительная дорожная полоса*
auxiliary valve *запасной клапан*
auxiliary washing preparations *дополнительная предварительная промывка*
auxiliary winding *вспомогательная обмотка, промежуточная обмотка*
auxiliary wire *вспомогательный трос*
average commission *комиссия по расследованию причин аварии*
average delay per vehicle *средняя задержка транспортного средства*
average flow rate *средняя интенсивность потока*
average mixture ratio *среднее значение коэффициента состава топлива, усредненное соотношение компонентов топлива*
avg (average) *среднее значение*
AVI (automatic vehicle identification) *автоматическое опознавание транспортных средств*

ax (axis)   *ось*
axes angle   *межосевой угол*
axial ball bearing   *упорный шарикоподшипник*
axial ducted fan   *вентилятор, расположенный в трубопроводе*
axial engine   *двигатель с осевым компрессором*
axial-flow fan   *лопастной вентилятор*
axial-flow lift fan   *лопастной вентилятор*
axial-flow pump   *осевой насос*
axial strain   *продольная деформация*
axis   *вал*
axle and mountings   *вал и ступицы*
axle bearing   *подпятник, упорный подшипник*
axle box   *осевая букса, осевая втулка*
axle box case   *кожух осевой втулки*
axle casing   *картер ведущего моста*
axle collar   *буртик оси (колесной пары), фланец вала*
axle drive   *осевой привод*
axle drive shaft   *ведущий вал колеса, карданный вал, приводной вал колеса*
axle housing   *картер ведущего моста, кожух полуоси*
axle journal   *осевая шейка, цапфа оси, шейка оси*
axle-journal collar   *фланец вала*
axle load   *нагрузка на ось*
axle loading   *нагрузка на ось*
axle pressure   *давление на ось*
axle pulling bushing   *втулка осевого шкива*
axle ratio   *передаточное число главной передачи*
axle shaft   *вал колеса, полуось*

B

babbitt *баббит, подшипниковый сплав, светлый антифрикционный сплав*
Babbitt('s) metal *баббит, подшипниковый сплав, светлый антифрикционный сплав*
backfire [auto] *вспышка пламени (в карбюраторе), обратная вспышка (в цилиндре двигателя), обратный запуск (двигателя), обратный удар пламени, хлопок*
backfire (vb.) [motor] *давать вспышку пламени (в карбюраторе);* [auto] *давать обратную вспышку (в цилиндре двигателя), давать отдачу (при запуске двигателя)*
back gear [auto] *привод заднего хода*
backing-up lamp [auto] *фонарь заднего хода*
backing-up light [auto] *фонарь заднего хода*
backlash *боковой зазор, зазор, мертвый ход, потеря хода (при механической передаче)*
backlash of gearwheel *боковой зазор зубчатого колеса*
backlash removal *устранение бокового зазора (зубчатого колеса)*
backlight *задний фонарь*
backlight wiper [auto] *стеклоочиститель заднего стекла*
back of weld *обратная сторона сварочного шва*
back rest *спинка сиденья*
back rest adjustment *регулировка спинки сиденья*
back seat [auto] *заднее сиденье*
back seat passenger *пассажир на заднем сиденье*
backup alarm *сигнал заднего хода*
back-up lamp [auto] *фонарь заднего хода*
back-up light [auto] *фонарь заднего хода*
baffle *дефлектор*
bal (balance) *баланс*
ball and roller bearing *шарико-роликовая опора*
ball-and-socket gear shift(ing) *механизм переключения передач с шаровым шарниром*
ball-and-socket joint *шарнир Гука, шарнир Кардана, шаровое шарнирное соединение, шаровой шарнир*
ballast layer [road] *щебеночный слой*
ballast resistor *добавочное сопротивление (системы зажигания двигателя внутреннего сгорания)*
ball bearing *шариковый подшипник*
ball bearing cage *сепаратор шарикоподшипника*
ball bearing grease *пластичная смазка для шарикоподшипников*
ball bushing *шариковый подшипник*
ball cage *сепаратор шарикоподшипника*
ball casing *сепаратор шарикоподшипника*

BAL

ball check valve шариковый обратный клапан
ball cock шаровой кран
ball joint шаровое соединение
ball penetration test определение пенетрации (консистентных смазок)
ball race дорожка качения для шариков подшипника, кольцо шарикоподшипника
ball retainer сепаратор шарикоподшипника
ball socket сферическое гнездо, шаровая опора
ball thrust bearing упорный шарикоподшипник
ball valve oiler масленка с шариковым клапаном, пресс-масленка
baluster [road] столбики дорожного ограждения
banana saddle вогнутое сиденье велосипеда
banjo axle мост (автомобиля) с неразъемным картером
banjo connection [auto] присоединение патрубка типа 'банджо'
bank [road] поперечный уклон
bank (vb.) [road] образовывать уклон
bank angle [road] угол поперечного уклона
banking [road] вираж
bank of accumulators аккумуляторная батарея, блок аккумуляторов
bank of capacitors конденсаторная батарея
bar стержень, шина, штанга
bare wheel колесо без шины
barrel bolt болт с цилиндрической головкой
barrel of a pump корпус (цилиндр) насоса
base [road] щебеночный подбалластный слой
baseband transmission основная передача
base course gravel (US) гравий для нижнего слоя дорожного покрытия
base gravel гравий для нижнего слоя дорожного покрытия
baseline магистральный ход, ось дороги
base tangent length [gear] длина общей нормали
basic profile [gear] номинальный профиль (зуба)
bat (battery) аккумуляторная батарея
batch tunnel washer туннельная моечная установка периодического действия
battery аккумулятор
battery bus шина аккумуляторной батареи
battery case ящик аккумуляторной батареи
battery changing замена батареи
battery charger зарядное устройство (аккумуляторной батареи), зарядный агрегат, зарядный выпрямитель
battery charging indicator индикатор зарядки аккумуляторной батареи
battery clip зажим аккумуляторной батареи

battery-coil ignition *батарейное зажигание с катушкой индуктивности*
battery compartment *аккумуляторный отсек (ниша)*
battery electric traction *аккумуляторная электротяга*
battery exchange *замена аккумуляторных батарей*
battery exchange point *пункт замены аккумуляторных батарей*
battery ignition *батарейное зажигание*
battery vehicle *электрокар, электромобиль*
battery voltage *напряжение батареи*
bayonet base (US) *соединительный штифт*
bayonet cap (UK) *соединительный штифт*
bayonet catch *байонетное соединение с защелкой*
bayonet coupling *байонетная муфта*
bayonet fastening *байонетное крепление*
bayonet holder *штыковой патрон (лампы)*
bayonet lock *байонетный замок, штыковой замок*
b.b. (ball bearing) *шарикоподшипник*
BDC (bottom dead centre) [motor] *нижнее положение поршня; НМТ (нижняя мертвая точка)*
bead *валик (сварного шва)*
beaded edge rim *клинчерный обод колеса*
beading *забортовка, загибание кромки, зенковка, развальцовка*
beam angle *угол рассеивания пучка света фары*
beam compasses *штангенциркуль*
beam trammels (US) *штангенциркуль*
bearing *подшипник*
bearing alloy *подшипниковый сплав*
bearing bracket *стойка подшипника*
bearing bracket (US) *консоль подшипника*
bearing brass *латунь для вкладышей подшипников, подшипниковая латунь*
bearing bush *вкладыш подшипника, втулка подшипника, подшипник скольжения*
bearing cap *крышка подшипника*
bearing clearance *зазор в подшипнике скольжения, люфт подшипника*
bearing collar *упорное кольцо подшипника, фланец вала*
bearing course [road] *несущий слой*
bearing cover *крышка подшипника*
bearing frame *консоль подшипника, стойка подшипника*
bearing friction *трение в подшипниках*
bearing half *вкладыш подшипника*
bearing housing *корпус подшипника*
bearing liner *вкладыш подшипника, втулка подшипника, подшипниковый вкладыш*
bearing lining *вкладыш подшипника, заливка вкладыша подшипника, подшипниковый вкладыш*

bearing luboil *смазочное масло для подшипников*
bearing metal *антифрикционный сплав, подшипниковый металл, подшипниковый сплав*
bearing pedestal *стойка подшипника*
bearing play *зазор в подшипнике, люфт подшипника*
bearing pressure *давление на подшипник*
bearing race *кольцо подшипника качения, поверхность качения (на кольце подшипника)*
bearing ring *кольцо подшипника*
bearing shell *вкладыш подшипника, обойма подшипника*
be covered with snow (vb.) [road] *покрываться снегом*
bed of rough material *жесткое основание (дороги)*
behind the wheel *за рулем*
bell crank lever [auto] *коленчатый рычаг*
Belleville spring washer *тарельчатая пружина*
Belleville washer *тарельчатая шайба*
bellows *сильфон*
bellows gland *сильфонное уплотнение*
belt *пояс, ремень*
belt brake *ленточный тормоз, ременный тормоз*
belt coupling *ленточная муфта*
belt dressing *смазка для ремней*
belt drive *ременная передача, ременный привод*
belt fork *вилка выключения ременной передачи*
belt highway (US) *окружная автострада*
belt idler *натяжитель ремня*
belt line *кольцевая дорога*
belt line (US) *объездной путь*
belt ring (US) *кольцевая дорога*
belt route *автострада, кольцевая дорога*
belt shifter *механизм выключения передачи*
benzidine *бензидин*
benzine *бензин*
benzole wash oil *бензолоабсорбционное масло, промывочное масло*
berm [road] *обочина*
bevel-cut gear wheel *зубчатое колесо со скосом*
bevel pinion *коническая шестерня*
BHP (brake horsepower) *эффективная мощность (двигателя внутреннего сгорания)*
bib-valve *сливной кран*
bicycle *велосипед*
bicycle chain *велосипедная цепь*
bicycle frame *рама велосипеда*
bicycle handle bar *руль велосипеда*
bicycle lamp *велосипедная фара*
bicycle lane *велосипедная дорожка*

bicycle lock   замок для велосипеда
bicycle path   велосипедная дорожка
bicycle rack   подставка для велосипеда
bicycle saddle   седло велосипеда
bicycle stand   подставка для велосипеда
bicycle tube   велосипедная камера
bicycle tyre   велосипедная покрышка, велосипедная шина
bicyclic (adj.)   велосипедный
big end bearing   [motor] подшипник большой головки шатуна
bihexagonal socket   двенадцатигранное гнездо (под ключ)
bimetal fuse strip   биметаллическая пластина предохранителя
bimetallic   биметаллический
bimetallic cell   биметаллический элемент
bimetallic relay   тепловое реле (с биметаллической пластиной)
bimetallic thermometer   биметаллический термометр
bimetal plate   биметаллическое реле
bimetal relay   реле с биметаллическим элементом, тепловое реле (с биметаллическим элементом)
bimetal strip thermostat   стабилизатор температуры на термопаре, термостат
binder course   [road] подстилающий (связующий) слой
binding course   подстилающий (связующий) слой (дорожного покрытия)
binding gravel   слой гравия
binding head   фиксирующая головка
binding screw   зажимной винт
bit of a key   бородка ключа
bitumen binder   нижний битуминизированный слой (дорожного покрытия)
bitumen-bound sand   смесь битума с песком
bitumen cutback   разжиженный битум
bitumen distributor   гудронатор
bitumen-grouted macadam surfacing   щебеночное покрытие, обработанное битумом
bitumen macadam   дорожное покрытие типа макадам с битумной пропиткой
bitumen mastic   асфальтовая мастика
bitumen penetration macadam surfacing   щебеночное покрытие, обработанное битумом
bitumen sealing   герметизация швов битумом
bituminous binder   нижний битуминизированный слой (дорожного покрытия)
bituminous macadam   макадам, щебенное покрытие с битумной обработкой
bituminous paint   асфальтовая краска
bituminous pavement   асфальтовое покрытие
bituminous pitch   асфальтовый вар

BIT

bituminous road surfacing *асфальтовое дорожное покрытие*
bituminous sealant *асфальтовый (битумный) герметик*
bk (brake) *тормоз*
black base *битумное или дегтевое основание дороги*
black oil *черное минеральное смазочное масло*
black oxide treatment *воронение, создание черной оксидной пленки на стали для защиты от коррозии*
black spot [road] *пятно свежеуложенного асфальта*
black top [road] *битумная (асфальтовая) (дорожная) одежда*
black top spreader *асфальтоукладчик*
blade grader *грейдер с профилирующим ножом, ножевой дорожный струг*
blade-type grader *грейдер с профилирующим ножом, ножевой дорожный струг*
blank flange *глухой фланец, заглушка*
bleed [auto] *заглушка; клапан;* [auto] *пробка*
bleeder *предохранительный клапан*
bleeder valve *воздуховыпускной кран;* [auto] *клапан для выпуска воздуха*
bleeding *выпотевание битума (на поверхности дороги)*
bleeding in wheel tracks *выступание битума в колее*
bleeding of brake *выпуск воздуха из тормозной системы*
bleed screw *пробка отверстия для выпуска воздуха*
blind flange *глухой фланец, заглушка*
blind hole *несквозное (глухое) отверстие*
blinding light *ослепляющий свет*
blind rivet *потайная заклепка*
blinker (UK) *указатель поворота мигающего типа*
blinking light *проблесковый огонь*
blistering *образование вздутий (на окрашенной поверхности)*
block bearing *опорный подшипник скольжения*
blocking-out piece [road] *распорка*
block pavement *штучное дорожное покрытие*
block up (vb.) *заклинивать*
blow back *вспышка горючей смеси (в карбюраторе)*
blower *вентилятор, воздуходувка*
blower pipe *труба нагнетательного вентилятора*
blower set *компрессор*
blowing of a fuse *перегорание предохранителя, сгорание плавкого предохранителя*
blown fuse *сгоревший предохранитель*
blow-off valve *предохранительный клапан*
blow-out *выброс (газа, жидкости), искрогаситель, разрыв*
blunt point *закругление*
bodied *вязкотекучий*
body arrangement *конструкция кузова*
body maker *изготовитель кузовов (для автомобилей)*

BOD

body painter *специалист по окраске кузовов*
body pillar [auto] *стойка кузова*
bodywork *кузовная работа*
body works [auto] *кузовной завод*
bollard [road] *островок безопасности*
bolted joint *болтовое соединение*
bolt head *головка болта*
bolt hole *болтовое отверстие*
bolting *свинчивание, скрепление болтами*
bolt screw *шуруп*
bolt shank *тело болта*
bolt thread *винтовая резьба*
bolt together *свинчивать, соединить болтом*
bonded tyred wheel *колесо с привулканизированным резиновым ободом, колесо с шиной на эпоксидной связи*
bonnet (UK) *капот двигателя;* [auto] *кожух, колпак, крышка*
bonnet hinge *петля капота*
boost [motor] *нагнетание воздуха, наддув*
booster *вспомогательный генератор постоянного тока*
booster brake *тормоз с усилительным механизмом*
boost gauge [motor] *манометр наддува*
boost pressure [motor] *давление наддува, давление подкачки*
boot (UK) [auto] *багажник*
boot space *багажное отделение*
border *граница, край, обочина дороги*
border levee *дамба, набережная, насыпь*
bore *бур, отверстие, скважина, туннель*
bore chips *стружка от сверла*
boring *внутренний диаметр*
boring mill *сверлильный станок*
borings *металлические стружки*
boring spindle *расточный шпиндель*
bottleneck road *сужение дорожного полотна, узкость на дороге*
bottom block [road] *нижний слой камня*
bottom clearance *донный зазор*
bottom concrete layer *подстилающий (нижний) слой бетона*
bottom course *подстилающий слой (дорожного покрытия)*
bottom dead centre (BDC) [motor] *нижняя мертвая точка (НМТ); положение поршня в нижней мертвой точке (цилиндра)*
bottoming [road] *слой щебня*
bottom plug *заглушка, нижняя пробка*
bottom rail of sash *нижняя планка подъемного окна*
bottoms forks *задняя вилка рамы (велосипеда)*
boundary stone *бортовой камень*
bound rubber *вулканизированная резина, связанная резина*

BOU

Bourdon pressure gauge *пружинный манометр*
bow compasses *кронциркуль*
box *бокс, втулка, муфта, ящик*
box nut *глухая гайка, колпачковая гайка*
box ring wrench *торцовый разводной ключ*
box spanner *торцовый гаечный ключ*
box wrench *торцовый ключ*
bracing frame *рама жесткости*
bracket *держатель, консоль, консольный подшипник, кронштейн, подвеска*
brad *шпилька, штифт*
braided strap [auto] *плетеный провод*
braiding of a cable *оплетка кабеля*
brake *предохранение, торможение, тормоз, тормозное устройство*
brake (vb.) *тормозить*
brake action *торможение*
brake adjustment *регулировка тормозов*
brake anchor plate *опорный диск тормозных колодок*
brake application valve *кран включения тормозов*
brake backplate *щит барабанного тормоза*
brake band anchor *конечная опора тормозной ленты*
brake block *тормозная колодка*
brake booster *сервоусилитель тормозов, усилитель тормозов*
brake cable (Bowden cable) *тросовый привод тормоза*
brake capacity *тормозная способность*
brake checking *проверка тормозов*
brake cylinder *тормозной цилиндр*
brake disc *тормозной диск*
brake drum *тормозной барабан*
brake equalization *уравновешивание тормозов*
brake facing *фрикционная накладка тормозной колодки*
brake failure *неисправность тормозов, отказ тормозов*
brake fluid *тормозная жидкость*
brake force *сила торможения, тормозное усилие*
brake hand lever *рукоятка тормозного рычага, рычаг ручного тормоза*
brake hose *тормозной шланг*
brake lever *тормозной рычаг*
brake lining *фрикционная тормозная накладка*
brake lock-up *блокировка тормозов*
brake master cylinder *главный тормозной цилиндр, главный цилиндр тормозной системы*
brake operating lever *рычаг включения ручного тормоза, рычаг привода тормоза*
brake pad *тормозная колодка, тормозная накладка*
brake pedal *тормозная педаль*

brake pedal linkage adjustment *регулировка хода педали тормоза*
brake power *эффективная тормозная мощность (двигателя)*
brake power distributor *распределитель тормозных усилий*
brake, pulley *тормозной шкив*
brake resistance *сопортивление торможению*
brake retarding ability *способность к притормаживанию, торможению*
brake shaft *тормозной валик*
brake sheave *тормозной диск, тормозной ролик, эксцентрик*
brake shoe *башмак, колодочный тормоз, тормозная колодка*
brake system *тормозная система*
brake test *испытания на торможение, испытания на тормозном стенде*
brake track *тормозной след*
brake valve actuator *привод тормозного клапана*
braking *торможение*
braking circuit *тормозной контур*
braking cylinder *тормозной цилиндр*
braking distance *тормозной путь*
braking effect *эффект торможения*
braking effort *тормозное усилие*
braking force *сила торможения, усилие торможения*
braking governor *распределитель тормозных усилий;*
 [auto] *регулятор тормозов*
braking moment *момент торможения, тормозной момент*
braking pull *тормозная тяга (усилие)*
braking system *тормозная система*
braking test *испытания на торможение, испытания на тормозном стенде*
braking torque *тормозной момент*
branch *ветка, ответвление, разделение (дороги)*
branch box *ответвительная (тройниковая) муфта*
branch cock *отводной кран*
branch connection *патрубок*
branch piece *патрубок*
branch pipe *ответвление, отводная труба, патрубок, тройник*
breakage *авария, поломка*
breakaway *трогание с места, увод шины*
breakaway torque *момент трогания, начальный пусковой момент, предельный крутящий момент при котором происходит разрушение*
breakdown *авария*
breakdown lorry (UK) *аварийный грузовой автомобиль, автокран*
breakdown of engine *неисправность двигателя*
breakdown truck (US) *аварийный грузовой автомобиль, автокран*

BRE

breathalyzer *прибор для определения паров алкоголя в выдыхаемом воздухе, прибор 'контроль трезвости'*
breath test *проверка 'на выдох' (на содержание паров алкоголя)*
brg (bearing) *подшипник*
bridge bearing *выносной подшипник*
bridge bearing pad *вкладыш выносного подшипника*
bridge roadway *проезжая часть моста*
bridge safety fence *защитное ограждение моста*
bridge way *проезжая часть моста*
bright chromium plating *декоративное хромирование*
bringing into state of equilibrium *балансировка*
brl (barrel) *баррель*
B-road *дорога класса B*
broad-beam headlight [auto] *широколучевой прожектор*
broken-stone concrete *бетон на щебне*
broken-stone roadbase *подстилающий слой щебня*
bronze for bearings and bushes *бронза для подшипников и втулок, подшипниковая бронза*
brooming *выглаживание (дорожного покрытия) щетками*
brush arm *щеткодержатель*
bucket *поршень (насоса)*
bucket seat *гнездо поршня*
buckle *подвеска, скоба, стяжная муфта, хомут*
buckstave *жесткое крепление*
buffed leather *отполированная кожа*
buffer *амортизатор, буфер, глушитель, демпфер*
buffer battery [traf.] *буферная батарея*
buffer piston *уравнительный (компенсирующий) поршень*
buggy *багги*
built-up crankshaft [motor] *составной коленчатый вал*
bulb *лампа накаливания*
bulldog clip *замок (зажим) троса*
bull riveting *гидравлическая клепка*
bumper (US) [auto] *амортизатор, бампер, буфер, демпфер*
bumper-to-bumper traffic *очень плотное движение автотранспорта*
bung *втулка, затычка*
bung hole *шпунтовое отверстие*
bunk [auto] *койка, спальное место (в кабине)*
burglar alarm *охранная сигнализация, противовзломная сигнализация*
burglar alarm installation *установка противовзломной сигнализации*
burglarproof *с противовзломной сигнализацией*
burning hours *срок службы (лампы)*
burnt oil *отработавшее масло*
burr *задир, заусенец*

BUS

bus *шина*
busbar *система шин*
bus bay *автобусная стоянка*
bush *вкладыш, втулка, вывод (обмотки)*
bush (bushing) *вкладыш, втулка*
bush bolt *втулочный болт*
bush chain *втулочная цепь*
bushing *бушинг, вводный изолятор, вкладыш, втулка*
bush mounting *монтаж втулки, установка втулки, установка на втулках*
bus lane *дорожная полоса для движения автобусов*
bus lay-by [road] *автобусная стоянка*
bus-only lane *дорожная полоса со знаком 'Движение только для автобусов'*
bus-only street *улица, на которой разрешено только движение автобусов*
bus station *автобусная станция*
bus stop *автобусная остановка*
bus-stop bay *автобусная стоянка*
bus stopping lane *проезжая часть дороги для остановки автобусов*
bus street *улица с автобусным движением*
busway for rapid transit (US) *полоса уличного движения, предназначенная для скоростных перевозок*
butt *стык, торец*
butterfat *консистентная (пластичная) смазка*
butterfly *дроссель, дроссельная заслонка, дроссельный клапан*
butterfly nut *крыльчатая (барашковая) гайка*
butterfly valve *двухстворчатый клапан, дроссель, дроссельная заслонка, дроссельный клапан*
button-design tyre *шипованная автопокрышка*
button-head screw *винт с круглой головкой*
button light [road] *дорожный световозвращатель*
butt resistance welding *стыковая контактная сварка*
butt riveting *стыковой заклепочный шов*
butt-seam welding *стыковая сварка*
butt strap *стыковая накладка*
butt weld *шов с отбортовкой (кромок)*
butt weld between plates with raised edges *сварной стыковой шов, соединяющий пластины с отогнутыми бортами*
butt welding *сварка встык*
butt welding with pressure *стыковая сварка под давлением*
butyl alcohol *бутиловый спирт*
buzzer *звуковой сигнал, зуммер*
buzzing *звуковая сигнализация*
byroad *обходная дорога, объездный путь*
by-way (US) *объездная дорога, проселочная дорога*

c (calibration) калибровка
c (case) кожух, корпус
c (control) орган управления, управление
cable clamp зажим для крепления троса, клемма кабеля
cable clip зажим для крепления троса, кабельный зажим
cabriolet [auto] кузов типа кабриолет
cabriolet (cabrio) автомобиль с открытым верхом
cam кулачковая шайба; [motor] кулачковый упор; кулачок, шаблон, эксцентрик
cam-actuated shock absorber кулачковый амортизатор
cam actuator кулачковый исполнительный механизм, кулачковый привод
cam angle длительность нахождения контактов прерывателя в замкнутом состоянии
camber angle [auto] угол развала передних колес; угол развала передних колес автомобиля
cam disk кулачковая шайба, эксцентрик
cam drive кулачковый привод
camelback резина протектора для ремонта беговой дорожки
cam follower [motor] толкатель клапана
cam for vacuum pump клапан вакуумного насоса
cam lifter [motor] кулачковый толкатель
cam plate кулачковая шайба
cam roller кулачковый ролик
camshaft [motor] распредвал, распределительный вал
cam shaft кулачковый вал
camshaft bearing [motor] подшипник кулачкового вала
cam shaft belt [motor] приводной ремень кулачкового вала; приводной ремень распределительного вала
cane стержень
canister банка, бидон, канистра
cantilever spring [auto] полуэллиптическая консольная рессора
cap головка, колпак, шляпка
cap and pin insulator шарнирный изолятор
cap nut колпачковая гайка
cap screw винт с головкой под ключ, колпачковая гайка, сгонная муфта
cap-type baffle колпачковый отражатель
car легковой автомобиль
car alarm сигнальное устройство автомобиля
caravan автопоезд
carbide cutting edge режущая кромка твердосплавного режущего инструмента
car body кузов автомобиля
carbon buildup нарост нагара

CAR

carbon dioxide fire extinguisher *углекислотный огнетушитель*
car-borne *перевозимый в автомобиле*
carborundum brick *абразивный брусок*
carborundum cloth *абразивная шкурка*
carborundum wheel *абразивный круг*
car breaker *установка для резки автомобилей*
car breaker yard *площадка для резки автомобилей*
car breaking *резка автомобилей*
car breaking plant *установка для резки автомобилей*
carburetor (US) *карбюратор*
carburettor *карбюратор*
carburettor float [motor] *поплавок карбюратора*
carburettor setting *регулировка карбюратора*
carcass break *разрушение несущей конструкции*
carcass reclaim *восстановление несущей конструкции*
cardan drive *карданный привод*
cardan joint *универсальный шарнир*
car dealer *продавец автомобилей*
car dealership *продажа автомашин*
car deck *автомобильная палуба (на автомобильном пароме)*
car dump *автомобильная свалка*
car emission *выбросы автомобиля в окружающий воздух*
car enamel *автомобильная краска*
car engine heater *нагреватель блока цилиндров двигателя автомобиля*
car exhaust *выхлопные газы автомобиля*
car factory *автомобильный завод*
car ferry *автомобильный паром*
car-free zone *зона, свободная от автомобилей*
cargo *перевозимый груз*
cargo room *помещение под разгрузку (погрузку), разгрузочный отсек терминала*
cargo tracer *запрос об отправке груза*
car hire charge *плата за прокат автомобиля*
car industry *автомобильная промышленность*
carjacker *автоподъемник*
car key *ключ двери кузова автомобиля, ключ замка зажигания автомобиля*
carmaking unit *комплект запасных частей автомобиля, ремонтный комплект инструментов*
car market *авторынок*
car park *место стоянки легковых автомобилей, парк легковых автомобилей*
carpenter's pincers *кусачки*
carpet *поверхностный слой дорожного покрытия*
carpet pad *подоснова дорожного покрытия*

car pooling совместное использование автомобилей
carport крытая автостоянка
car reservation предварительный заказ автомобиля
carriage bolt болт с квадратным подголовком
carriage road гужевая дорога, проселочная дорога
carriageway проезжая часть дороги
carriageway drainage дренаж проезжей части
carriageway marking дорожная разметка, линия безопасности на проезжей части
carriageway surfacing устройство дорожного покрытия
carrying capacity грузоподъемность, пропускная способность, транспортирующая способность
carryover factor коэффициент передачи
car sales manager менеджер по продаже автомашин
car shed гараж
car starter стартер двигателя автомобиля
cartage автотранспортные перевозки, гужевые перевозки
car telephone автомобильный телефон
car trailer автомобильный прицеп
cartridge type bearing подшипник закрытого типа, подшипник патронного типа
car tyre автомобильная шина
car wash bay отсек для мойки автомобилей
car washing plant установка для мойки автомобилей
car workshop автомастерская
car wreck автомобильная авария
castellated nut корончатая гайка
caster angle [auto] угол отклонения оси от вертикали, угол продольного наклона поворотного шкворня
castle nut корончатая гайка
cat (catalyst) катализатор
catalyst катализатор
catalyst equipped car автомобиль, оборудованный каталитическим дожигателем
catalytic afterburner [auto] каталитический дожигатель
catalytic agent катализатор
catalytic converter [auto] каталитический преобразователь
catalytic muffler [auto] глушитель с каталитическим дожиганием
catalytic postcombustion [auto] каталитическое дожигание рабочей смеси
catalytic reactor [auto] каталитический реактор
cat's eye [road] световозвращатель
catching [gear] зацепление (шестерен)
cationic emulsion [road] катионоактивная эмульсия
causeway дорога на плотине
caution sign предупредительный знак

CCS

CCS (controlled combustion system) *регулируемая система сгорания*
cement-beton base [road] *основание из бетона на цементе*
cement-bound granular material [road] *цементо-щебеночный материал*
cement-bound macadam [road] *цементированное щебеночное покрытие*
cementing [road] *заливка цементом*
central collision [traf.] *лобовое столкновение (автомобилей)*
central island [road] *островок безопасности*
centralized door locking *центральная блокировка дверей (автомобиля)*
central reserve [road] *островок безопасности*
centre lane [road] *осевая полоса движения*
centre line [road] *осевая линия*
centre of a wheel *центр колеса*
centre stand [motor] *центральная опора*
centrifugal air pump *центробежный нагнетатель воздуха*
centrifugal blower *центробежный вентилятор, центробежный податчик воздуха*
centrifugal brake *центробежный тормоз*
centrifugal clutch *центробежное сцепление*
centrifugal pump *центробежный насос*
cetane index [auto] *цетановое число*
cetane number [auto] *цетановое число*
chafer *бортовая лента покрышки*
chain *цепной механизм, цепь*
chain adjuster *приспособление для натяжения цепи*
chain and sprocket wheel drive *цепная передача, цепной привод*
chainguard [motorcyc.] *защитный козырек, накладка, предохраняющая ноги от травмирования цепью*
chain pipe wrench *цепной трубный ключ*
chain sprocket *звездочка*
chain tension adjustment *регулировка натяжения цепи*
chain tracks *гусеницы*
chain wheel *цепное колесо*
chamfer *галтель, скос, фаска*
chamfer (vb.) *скашивать кромку, снимать фаску*
chamfering *закругление кромок, зенкование, снятие фасок*
chamfer nut *гайка с фланцем*
change down [auto] *переходить на более низкую передачу*
change gear *сменная шестерня, сменное зубчатое колесо*
change gear (vb.) *переключать передачу*
change gear box *коробка передач;* [auto] *коробка переключения скоростей*
change gear wheel *сменная шестерня, сменное зубчатое колесо*

change of gradient [road] *изменение профиля пути*
changeover screw *переключающий винт*
changeover signal *переключающий сигнал*
changeover system *переключаемая система*
changeover valve *направляющий гидрораспределитель*
change speed gear *коробка передач, коробка скоростей*
change wheel *сменная шестерня, сменное зубчатое колесо*
channelizing island [road] *островок безопасности*
charge control lamp [auto] *контрольная лампа зарядки (аккумуляторной батареи)*
charge indicator lamp [auto] *индикаторная лампа зарядки (аккумуляторной батареи)*
charging generator *зарядный генератор*
charging pressure [motor] *давление зарядки*
chaser *винторезная гребенка*
chase threads (vb.) *нарезать резьбу*
chassis *шасси*
chassis frame *рама шасси*
chatter *дребезг, дребезжание, нестабильная вибрация*
chatter (vb.) *вибрировать, дребезжать*
check nut *контргайка*
check screw *стопорный винт*
checkup *проверка состояния, технический осмотр*
cheese head screw *винт с цилиндрической головкой*
Chem-Crete bitumen [road] *искусственный битум*
child seat *сиденье для ребенка (на велосипеде)*
chisel steel *инструментальная сталь*
chock block *подкладка под колесо*
chocking-up *заклинивание*
chock up *заклинивать*
choke *дроссель, заслонка*
choke (vb.) *дросселировать, закупоривать, засорять*
choke a carburettor (vb.) *закрывать воздушную заслонку карбюратора*
choke actuating lever [auto] *рукоятка управления воздушной заслонкой карбюратора*
choke filter *дроссельный фильтр*
choke flange *дроссельный фланец*
choke flap *воздушная заслонка (карбюратора)*
choke nozzle *дроссельное сопло*
choker valve *воздушная заслонка, воздушный клапан*
chrome bracket *хромированная скоба*
chrome leather *хром (кожа хромового дубления)*
chrome plating *хромирование*
chrome-tanned leather *кожа хромового дубления, хромовая кожа*
chroming *хромирование*

CHR

chromium plating *хромирование*
chug *пыхтение*
CI (compression ignition) *воспламенение от сжатия*
CI engine (compression ignition engine) *двигатель с воспламенением от сжатия*
cinch a screw (vb.) *подтягивать винт*
cinch marks *следы затяжки*
circle described [auto] *круг поворота*
circuit breaker *автоматический выключатель, реле обратного тока*
circuit changer *выключатель, переключатель*
circuit changing switch *переключатель на два положения*
circuit cutout switch *прерыватель цепи*
circular pitch [gear] *окружной шаг*
circular thickness [gear] *окружная толщина (зуба)*
circular thread chaser *круглая винторезная плашка*
circulate (vb.) *циркулировать*
circulated air *циркулирующий воздух*
circulating pump *циркуляционный насос*
circulation pump *циркуляционный насос*
circumferential highway *кольцевая дорога*
circumferential pitch [gear] *окружной шаг*
circumferential road *окружная дорога*
circumferential speed *окружная скорость*
circumurban road *окружная дорога*
city bus *городской автобус*
city mains *городские магистрали*
city map *карта города*
city plan *план города*
clamp *зажим, захват, фиксатор, фиксатор уровня, хомут*
clamp (vb.) *зажимать, фиксировать*
clamp bolt *зажимной болт*
clamp cover *прижимная крышка*
clamping bolt *зажимной болт*
clamping claw *зажимной кулачок*
clamping flange *захватный фланец*
clamping iron *крепежная скоба*
clamping moment *фиксирующий момент*
clamping nut *фиксирующая гайка*
clamping plate *фиксирующая пластина*
clamping ring *стяжное кольцо*
clamping screw *зажимной винт*
clamp liner *фиксирующий вкладыш*
clamp plate *прижимная пластинка*
clamp strap *ленточный прихват*
clasp brake *колодочный тормоз*
clasp nut *гайка с прорезью, маточная гайка, разъемная гайка*

classic car классическая модель автомобиля
claw clutch кулачковая муфта
claw coupling кулачковая муфта
claw nut натяжная гайка
claw uncoupling выключение зубчатой муфты
clean fuel burning полное сгорание топлива
clearance adjustment регулировка зазоров, регулировка люфта
clearance distance безопасное расстояние
clearance gauge калибр для измерения зазоров, щуп для измерения зазоров
clearance hole отверстие с гарантированным зазором
clearance limit [truck] габарит погрузки
clearance period [traf.] расстояние между автомобилями в транспортном потоке
clearway магистраль непрерывного движения
clevis хомут
clevis pin штифт с головкой и отверстием под шплинт
climbing lane [road] полоса замедленного движения на подъеме
clinch bolt заклепочный болт
clincher bead tyre [cycle] клинчерная шина
clincher tyre [cycle] клинчерная шина
clink (vb.) рубить зубилом
clip фиксатор, хомут
clip (vb.) зажимать, фиксировать
clip bolt зажимной болт
closed circuit cooling замкнутая система охлаждения
closed circuit cooling water system замкнутая система водяного охлаждения
closed circuit lubrication замкнутая система смазки
closed circuit oiling замкнутая система смазки
clover leaf транспортная развязка типа клеверный лист
clover leaf interchange транспортная развязка типа клеверный лист
clover leaf intersection транспортная развязка типа клеверный лист
clover leaf junction транспортная развязка типа клеверный лист
clump агрегат
cluster gear многовенцовое зубчатое колесо
clutch муфта; [auto] педаль управления муфтой сцепления; сцепление
clutch (vb.) включать сцепление, сцеплять
clutch adjustment регулировка муфты, регулировка хода педали сцепления
clutch brake тормоз с захватами, тормоз сцепления
clutch case корпус муфты сцепления
clutch cover крышка картера сцепления

clutch disk   диск сцепления
clutch engagement   включение сцепления
clutch facing   фрикционная накладка диска сцепления
clutch lever   педаль сцепления
clutch lining   фрикционная накладка диска сцепления
clutch operating control   управление сцеплением
clutch pedal   педаль сцепления
clutch plate   диск сцепления
clutch release bearing   подшипник выключения главного фрикциона, подшипник выключения сцепления
clutch release bearing hub   ступица подшипника выключения сцепления
clutch release lever   рычаг выключения сцепления
clutch thrust bearing   упорный подшипник выключения сцепления
CNR (composite noise rating)   комплексный показатель уровня шума
coach   автобусный кузов, двухдверный седан, междугородный автобус, туристский автобус
coach body   автобусный кузов
coach screw   шуруп с квадратной головкой
coarse adjustment   грубая регулировка
coarse bituminous concrete   крупнозернистый асфальтобетон
coarse cut file   драчевый напильник
coarse pitch   крупный шаг резьбы
coast   [auto] двигаться накатом, двигаться по инерции
coated macadam   [road] щебеночное покрытие с пропиткой дегтем
coating   покрытие, слой, шпатлевка
coating metal   металлическое покрытие
coating pistol   краскопульт
cock   вентиль, кран
cock plug   пробка крана
cogged V-belt   зубчатый клиновой ремень
cogwheel   зубчатое колесо
cohesive attraction   сила сцепления
cohesive force   сила сцепления
coil ignition   батарейное зажигание с катушкой индуктивности
coil spring   цилиндрическая винтовая пружина
coking   [motor] закоксовывание; образование наслоений кокса
cold asphalt   холодная асфальтная смесь
cold asphalt macadam   дорожное щебеночное покрытие, обработанное битумом холодным способом
cold chisel   слесарное зубило
cold cured foam   пенорезина, вулканизированная холодным способом

cold curing холодная вулканизация
cold formed joint соединение холодной штамповкой
cold forming холодная штамповка
cold mix [road] холодная смесь
cold retreading холодное восстановление протектора шины
cold rubber резина, вулканизированная холодным способом
cold start device [auto] приспособление для запуска холодного двигателя
cold storage car автомобиль-рефрижератор, авторефрижератор
cold valve adjustment регулировка зазора клапанов на холодном двигателе
collapsible section сминаемая часть кузова автомобиля, поглощающая энергию удара
collar bearing гребенчатый подшипник
collar nut гайка с буртиком, гайка с фланцем
collar thrust bearing гребенчатый упорный подшипник
collection body машина для вывоза мусора
collection lorry (UK) грузовой автомобиль - мусоросборщик
collection truck (US) грузовой автомобиль - мусоросборщик
collection vehicle автомобиль-мусоросборщик
collision stopping power тормозная способность при столкновении
collision test [auto] испытания на столкновение
coloured body окрашенный кузов
colouring of metal by anodic oxidation окрашивание металла анодированием
combination pliers универсальные клещи
combination tool комбинированный инструмент
combination valve комбинированный клапан
combination wrench комбинированный гаечный ключ
combined thrust and radial bearing радиально-упорный подшипник качения
combustion engine двигатель внутреннего сгорания
combustion prechamber [auto] предкамера; [motor] форкамера
combustion stroke [auto] рабочий такт, рабочий ход; [motor] ход расширения
commercial car автомобиль для коммерческих перевозок
commercial driver водитель, работающий на коммерческих перевозках
commercial transport коммерческие перевозки
commercial transport of goods and passengers коммерческие перевозки грузов и пассажиров
commercial van автомобиль-фургон
commercial vehicle автомобиль для коммерческих перевозок, автомобиль неиндивидуального пользования, грузовое транспортное средство, грузовой автомобиль

COM

common brake *колодочный тормоз*
common carrier *транспортная организация общего пользования*
communication network [road] *сеть путей сообщения*
community transport *общественный транспорт*
commutator switch [auto] *коммутационное устройство*
commute [traf.] *ездить ежедневно из пригорода в город и обратно*
commuter [traf.] *пассажир, пользующийся льготным билетом*
compacted layer [road] *уплотненный слой*
compacted rockfill [road] *утрамбованная каменная засыпка*
compaction plant [road] *установка для уплотнения грунта*
compaction roller *дорожный каток*
compaction testing [road] *проверка уплотнения грунта*
company car *автомобиль компании*
compatible (adj.) *совместимый*
compensation for play *компенсация зазора, компенсация свободного хода*
complete filled transport package *полностью заполненный транспортный контейнер*
compo leather *искусственная кожа*
composite fuel *топливная смесь*
composite material *композит, композиционный материал*
compound motor *электродвигатель постоянного тока смешанного возбуждения*
compound vortex controlled combustion (CVCC) [auto] *горение при регулируемом завихрении смеси воздуха с топливом*
compound wound motor *электродвигатель постоянного тока смешанного возбуждения*
compressed air *сжатый воздух*
compressed air brake *пневматический тормоз*
compressed air chamber *камера сжатого воздуха*
compressed air cylinder *пневматический цилиндр*
compressed air engine *двигатель с воспламенением от сжатия*
compressed air servo brake [auto] *тормоз с пневматическим приводом*
compressed air starting system [motor] *пневматическая система пуска*
compressed asphalt *трамбованный асфальт*
compression gland *сальник*
compression ignition (CI) *воспламенение сжатием, компрессионное воспламенение*
compression ignition engine (CI engine) *двигатель с воспламенением от сжатия*
compression nut *стяжная гайка*
compression packing *сальник*

compression pump   *компрессор*
compression ring   [motor] *компрессионное кольцо*
compression stroke   [motor] *такт сжатия, ход сжатия*
compression vehicle   *автомобиль-мусоросборник с уплотнителем*
compressor   *компрессор*
compulsory sign   [traf.] *запрещающий знак*
compulsory stop   [traf.] *обязательная остановка*
concentrated resistive suppressor   *помехоподавляющий резистор*
concept car   *концепткар, концептуальный автомобиль*
concrete guard rail   [road] *бетонное ограждение*
concrete-mixer truck   *грузовой автомобиль для перевозки бетонной смеси*
concrete pavement   *бетонное дорожное покрытие*
concrete paver   *бетоноукладчик*
concrete paving   *бетонное дорожное покрытие*
concrete paving slab   *бетонная плита дорожного покрытия*
concrete road   *бетонированная дорога, дорога с бетонным покрытием*
concussion spring   *амортизирующая пружина, буферная пружина*
conductor bungle   *пучок проводов*
cone bearing   *подшипник с коническими роликами*
cone belt   *клиновой ремень*
cone clutch   *коническая муфта*
cone disk   *конический диск*
cone friction brake   *конусный фрикционный тормоз*
cone head rivet   *заклепка с конической головкой*
cone-in   [traf.] *сливаться в однорядный поток*
congestion   [traf.] *дорожная пробка, затор движения, скопление*
congestion warning system   *система предупреждения о заторах на дорогах*
conical clutch   *конусная муфта*
conical gear   *коническое зубчатое колесо*
conical helical spring   *коническая винтовая пружина*
conical roller bearing   *подшипник с коническими роликами*
connecting bolt   *соединительный болт*
connecting branch   *соединительный патрубок, штуцер*
connecting pipe   *соединительный патрубок, штуцер*
connecting rod   *дышло;* [motor] *соединительная тяга; соединительный шток, шатун*
connecting rod end   *головка дышла;* [motor] *головка шатуна*
connecting rod eye   *головка дышла;* [motor] *головка шатуна*
connecting rod shank   *стержень шатуна*
connecting sleeve   *соединительная муфта*
connecting terminal   *клемма*

CON

connecting tube соединительный патрубок, штуцер
connection штуцер
connection for external capacitor (Cext or CX) вывод для подключения внешнего конденсатора
connection for external resistor (Rext) вывод для подключения внешнего резистора
connection sleeve соединительная муфта
connection terminal клемма
connection thread соединительная резьба
connector кабельная муфта
connexion соединительный патрубок, штуцер
con-rod (connecting rod) [motor] шатун
constant mesh gear зубчатая передача постоянного зацепления
constant pitch screw винт с постоянным шагом резьбы
constant pitch series серия винтов с постоянным шагом резьбы
constructional design [tech.] конструирование, проектирование
construction of roads строительство дорог
construction programme [road] график строительства
contact breaker контактный прерыватель, прерыватель контактов
contact burning обгорание контактов
contact ratio [gear] коэффициент перекрытия (о зубчатой передаче)
contact surface контактная поверхность
contact terminal зажим, клемма
container capsule [traf.] грузовой контейнер
continuous adjustment плавная регулировка
control element [truck] орган управления
controlled access road дорога ограниченного пользования
controlled collapse steering column [auto] регулируемая рулевая колонка с упругим элементом, поглощающим энергию удара при столкновении
controlled slip differential (CSD) [auto] дифференциал с принудительной блокировкой
control linkage рычажный механизм управления
control symbol [truck] контрольный знак
control valves actuation взаимодействие клапанов управления
convertible [auto] кузов с откидным верхом
convertible hood [auto] складной верх кузова
convexity of roadway выпуклость дорожного полотна
conveyance транспортирование, транспортировка, транспортное средство
convoy колонна автомобилей
coolant hose шланг для охлаждающей жидкости
coolant pump насос для подачи охлаждающей жидкости
coolant temperature температура охлаждающей жидкости

cooling охлаждение
cooling air охлаждающий воздух
cooling by circulating water охлаждение циркулирующей водой
cooling fan [auto] охлаждающий вентилятор
cooling ribs охлаждающая рубашка (радиатора)
cooling water pump насос водяного охлаждения
cooling water thermostat термостат охлаждающей (двигатель) жидкости
coordinated traffic signalization система светофоров 'Зеленая волна'
cord fabric for tyres кордная ткань для шин
cordon line [traf.] ограничительная линия
cordovan leather мягкая краснодубная кожа
cord ply слой корда
cordwain мягкая краснодубная кожа
corkscrew road извилистая дорога
corner поворот дороги
cornering ability [auto] маневренность, поворотливость, способность поворачиваться
corrective maintenance профилактический ремонт
corrosion inhibitive pigment антикоррозийная краска
corrosionless нержавеющий
corrosion preventing антикоррозийный, предохраняющий от коррозии
corrosion preventing agent антикоррозийное средство
corrosion preventing grease антикоррозийная смазка
corrosion preventing oil антикоррозийное масло
corrosion preventing paint антикоррозийная краска
corrosion prevention предотвращение коррозии
corrosion-proof коррозионностойкий
corrosion proofing защита от коррозии
corrosion protection защита от коррозии
corrosion rate скорость коррозии
corrosion resistance коррозионная стойкость, сопротивление коррозии
corrosion-resistant коррозионностойкий, устойчивый к воздействию коррозии
corrosion-resistant stainless steel коррозионностойкая нержавеющая сталь
corrosion-resistant steel коррозионностойкая сталь
corrosion-resisting коррозионностойкий
corrosion spot пятно коррозии
corrosion stability коррозионная стойкость, устойчивость к коррозии
corrosion susceptibility восприимчивость к коррозии
corrosive корродирующее вещество

COR

corrosive action   *коррозионное действие*
corrosive attack   *коррозионное разрушение*
corrosive effect   *коррозионное воздействие*
CORR test (Corrodkote corrosion test)   *коррозионные испытания по методу 'Корродкот'*
corrugated hose   *гофрированный шланг, рифленый рукав*
corrugated pipe   *гофрированная трубка, сильфон*
corrugated tube   *гофрированная трубка, сильфон*
corrugation   *выбоина дорожного покрытия*
cotter   *клин, чека, шплинт*
cotter bolt   *болт с головкой под чеку*
cotton waste   *ветошь*
countdown marker   [road] *километровый знак*
counterbalanced crankshaft   [auto] *коленчатый вал с противовесами*
counterbalance shaft   [auto] *вал противовеса, уравновешивающая ось*
counterbore   *расточенное отверстие, расточка*
counterbore diameter   *диаметр расточенного отверстия*
counter flange   *контрфланец*
counter gear   *зубчатое колесо перебора;* [motor] *зубчатое колесо распределительного вала*
counter nut   *контргайка*
countershaft   [auto] *контрпривод, промежуточный вал*
countersink   *коническая зенковка, центровочная зенковка*
countersink angle   *угол зенкования, угол конуса потайной головки винта*
countersinking   *коническое зенкование*
countersunk   *раззенкованный, с утопленной головкой, утопленный*
countersunk bolt   *болт с потайной головкой*
countersunk external toothed lock washer   *потайная стопорная шайба с наружными зубьями*
countersunk head   *потайная головка*
countersunk head cap screw   *винт с потайной головкой*
countersunk headed bolt   *болт с потайной головкой*
countersunk head rivet   *заклепка с потайной головкой, потайная заклепка*
countersunk rivet   *заклепка с потайной головкой, потайная заклепка*
countersunk screw   *потайной винт*
countervail (vb.)   *компенсировать*
country beam   [auto] *дальний свет*
country road   *проселочная дорога*
coupe   [auto] *двухместный закрытый кузов, купе (тип кузова)*
coupler   *соединительная муфта, соединительный патрубок, соединительный хомут*

coupling винтовая стяжка, муфта сцепления, соединительная втулка, соединительный фланец
coupling agent модификатор, связующее вещество
coupling bolt винтовая стяжка, соединительный болт, стяжной болт
coupling box соединительная муфта
coupling bushing соединительная втулка
coupling end [motor] сторона сцепления
coupling flange соединительный фланец
coupling fork вилка включения сцепления
coupling hook буксирный крюк, сцепной крюк
coupling lever рычаг включения сцепления, рычаг управления муфтой
coupling link кулиса, соединительная тяга
coupling nut стяжная гайка
coupling rod соединительная тяга
coupling sleeve соединительная втулка, соединительная муфта
coupling with female ends соединительная деталь с внутренней резьбой
coupling with male ends соединительная деталь с наружной резьбой
covering layer защитное покрытие, защитный слой
cover screw винт для закрепления крышки
cowl капот двигателя, обтекатель
cowling капот двигателя, обтекатель
CR (compression ratio) [motor] степень сжатия
cracked gasoline крекинг-бензин
cracked petrol крекинг-бензин
crack producing corrosion коррозионное растрескивание
crackup полное разрушение
crane truck автокран, автомобильный кран
crank пусковая рукоятка
crank (vb.) проворачивать коленчатый вал
crank angle угол поворота коленвала
crank arm коленчатый рычаг, кривошип, пусковая рукоятка
crank bearing коренной подшипник коленчатого вала
crankcase картер двигателя
crankcase bottom half [motor] нижняя половина картера двигателя
crankcase lower half нижняя половина картера двигателя
crankcase oil моторное масло
crankcase sump [motor] маслоотстойник картера, поддон картера
crankcase ventilator устройство вентиляции картера
crank chamber внутренняя полость картера двигателя
crank disk кривошипный диск

CRA

crank drive *привод от кривошипа*
cranked axle *коленчатая ось, коленчатый вал*
cranked portion of shaft *колено вала*
cranked shaft *коленчатая ось, коленчатый вал*
crank gear *кривошипно-шатунный механизм, кривошипный механизм*
crank handle *заводная рукоятка, пусковая рукоятка*
cranking *запуск двигателя рукояткой, проворачивание коленчатого вала двигателя*
crank journal *шейка коленчатого вала*
crank mechanism *кривошипно-шатунный механизм, кривошипный механизм*
crank pin *палец кривошипа, шатунная шейка*
crankshaft [motor] *коленвал; коленчатый вал;* [motor] *коленчатый вал*
crankshaft bearing *коренной подшипник, подшипник коленчатого вала*
crankshaft cheek *плечо коленчатого вала, щека коленчатого вала*
crankshaft main bearing *вкладыш коренного подшипника коленчатого вала, коренной подшипник коленчатого вала*
crankshaft oil seal *масляное уплотнение коленчатого вала, сальник коленчатого вала*
crankshaft pulley *шкив коленчатого вала*
crank starting *запуск двигателя пусковой рукояткой*
crank stud *палец кривошипа*
crash angle *угол удара при столкновении*
crash bar (roll bar) [motorcyc.] *защитная дуга для ног*
crash barrier [road] *аварийное заграждение*
crash repair shop *авторемонтная мастерская, мастерская аварийного ремонта*
crash resistant *неломающийся;* [auto] *противостоящий удару при столкновении*
crash test (crash-test) [auto] *испытания на удар при столкновении*
crater *воронка, кратер*
crawler lane [road] *полоса замедленного движения*
crawler loader *автопогрузчик на гусеничном ходу*
crawler track *гусеничная цепь*
crawler tractor *гусеничный трактор*
crawl lane [road] *полоса замедленного движения*
creeper gear [auto] *низшая передача, первая передача*
creeper lane [road] *полоса замедленного движения*
creeper tractor *гусеничный трактор, гусеничный тягач*
crescent wrench *трубный ключ*
crimping tool *обжимной инструмент, опрессовыватель*
crinkle washer *гофрированная шайба*

crisis alert system *система аварийной сигнализации*
critical angle *критический угол*
critical speed [motor] *критическая частота вращения, критическое число оборотов*
cross-country mobility [auto] *мобильность при движении по пересечённой местности*
cross-country road *просёлочная дорога*
cross-country route [traf.] *маршрут, проходящий по пересечённой местности*
cross-country tyre *шина повышенной проходимости*
cross-country vehicle *автомобиль повышенной проходимости*
cross draining [road] *поперечный дренаж*
crossfall [road] *поперечный уклон*
crossflow scavenging [motor] *перекрёстная продувка*
crosshead screw *винт с крестообразным шлицем*
crosshead screwdriver *фасонная отвёртка*
crossing angle [road] *угол пересечения*
crossing on same level *транспортная развязка в одном уровне*
cross member gusset [auto] *угловое соединение поперечной балки*
crossover [road] *путепровод*
cross recessed screw *винт с крестообразным шлицем*
crossroad *дорога, пересекающая главную, дорожный перекрёсток, переезд*
cross-section of engine *поперечное сечение двигателя, поперечный разрез двигателя (схема)*
cross-section of road *профиль дороги*
cross shaft *ось рулевой сошки*
cross street *пересекающая улица*
cross tee *тройник*
crosstown road *центральная городская магистраль*
crossunder *путепровод под дорогой*
crosswalk *пешеходный переход*
crowding [traf.] *затор, сжатие*
crowned pulley *ступенчатый шкив*
crown gear *плоская коническая зубчатая передача, плоское зубчатое колесо*
crown hinge *замковый шарнир*
crown knot *репка (заделка конца троса)*
crown of roadway *гребень поперечного профиля дороги*
crown wheel *ведомая шестерня главной передачи*
crude asphalt *асфальтовый камень*
crude oil engine *дизельный двигатель*
cruise control *регулирование скорости движения*
crushed stone base [road] *подстилающий щебёночный слой*
crusher zone [auto] *зона разрушения*
CSD (controlled slip differential) [auto] *дифференциал с принудительной ручной блокировкой*

CUB

c/t (connecting tube) *соединительная трубка*
cubby hole [auto] *перчаточный ящик*
cube [road] *брусок (для мощения)*
cubic capacity of a cylinder [motor] *объем цилиндра; рабочий объем двигателя*
cup-and-ball joint *шарнирное соединение*
cup-and-cone bearing *разъемный радиально-упорный подшипник качения*
cup head bolt *болт с круглой головкой*
cup nut *колпачковая гайка*
cup point *цапфа со сферическим углублением*
cup spring *тарельчатая пружина*
cup valve *чашеобразный клапан*
curb *бордюрный камень, бровка тротуара*
curb rib *бордюрный камень*
curbside parking *стоянка автомобилей у бордюра тротуара*
curbstone *бордюрный камень*
curing *вулканизация, выдержка, отверждение*
curing bag *варочная камера, камера для вулканизации*
curing conditions *условия вулканизации*
curing cycle *цикл вулканизации*
curing press *вулканизационный пресс*
current collector *отводной коллектор*
current limiting circuit breaker *токоограничивающий автоматический выключатель*
current maintenance *текущий ремонт и техническое обслуживание*
curve [road] *вираж*
cushion *амортизатор, буфер, подкладка, прокладка*
cushion (vb.) *амортизировать*
cushion course [road] *подстилающий слой дорожной одежды*
cushioned seat *подпружиненное сиденье, сиденье с мягкой упругой набивкой*
cushion gum *прокладочная резина*
cushioning *амортизация, пружинящее действие, упругое сжатие*
cutback asphalt *асфальт, разбавленный нефтяным дистиллятом, дистиллятный раствор асфальта, жидкий асфальтовый битум*
cutback asphaltic bitumen *жидкий асфальтовый битум*
cutback bitumen *жидкий битум*
cut edge V-belt *зубчатый клиновой ремень*
cutlery *набор инструментов*
cut off the engine (vb.) *выключать двигатель, глушить двигатель, останавливать двигатель*
cut off the ignition (vb.) *выключать зажигание*
cutout *плавкий предохранитель, электрический выключатель*

cutout speed скорость, при которой происходит выключение
cutter interference [gear] интерференция в станочном зацеплении
cutting compound смазочно-охлаждающая жидкость
cutting coolant смазочно-охлаждающая эмульсия
cutting fluid смазочно-охлаждающая жидкость
cutting lubricant смазочно-охлаждающая жидкость
cutting oil смазочно-охлаждающая жидкость
cutting oil pump насос для подачи смазочно-охлаждающей жидкости
cutting tip лезвие режущей кромки
cutting tool режущий инструмент
cutting torch газовый резак
CVCC (compound vortex controlled combustion) [auto] горение при регулируемом завихрении смеси воздуха с топливом
cycle lamp велосипедная фара
cycle path велосипедная дорожка
cycle pump велосипедный насос
cycle track велосипедная дорожка
cycle tyre велосипедная шина
cyclist велосипедист
cyclist strip полоса движения для велосипедов
cycloidal gearing [gear] циклоидная зубчатая передача, циклоидное зубчатое зацепление
cycloidal gear teeth [gear] зубья циклоидной зубчатой передачи
cycloidal tooth profile [gear] профиль зуба циклоидного зацепления
cyclometer велосипедный счетчик пробега
cylinder баллон, барабан, цилиндр
cylinder bank [motor] блок цилиндров, ряд цилиндров
cylinder block [motor] блок цилиндров
cylinder bore [motor] внутренний диаметр цилиндра
cylinder brake цилиндрический тормоз
cylinder capacity [motor] рабочий объем цилиндра
cylinder case рубашка цилиндра
cylinder casing рубашка цилиндра
cylinder check ball запорный шариковый клапан цилиндра
cylinder clearance [motor] зазор между цилиндром и поршнем
cylinder clothing рубашка цилиндра
cylinder cover [motor] колпак блока цилиндров, крышка головки цилиндра
cylinder head головка цилиндра; [motor] головка цилиндра; крышка цилиндра; [motor] крышка цилиндра
cylinder head bolt [motor] шпилька головки цилиндра
cylinder head gasket [motor] прокладка головки цилиндра
cylinder lid [motor] крышка цилиндра
cylinder pressure давление в цилиндре

CYL

cylinder revolution　*вращение цилиндра*
cylinder row　[motor] *ряд цилиндров*
cylinder thread　*цилиндрическая резьба*
cylinder top　[motor] *крышка цилиндра*
cylindrical gear　*цилиндрическое зубчатое колесо*
cylindrical pin　*цилиндрическая шпилька, цилиндрический штифт*
cylindrical screw　*цилиндрический винт*
cylindrical shank　*цилиндрический хвостовик*
cylindrical worm wheel　*цилиндрическое червячное колесо*

D

damper *амортизатор, гаситель (колебаний), демпфер, задвижка, заслонка, регулятор тяги*
damping *амортизация, демпфирование*
damping by air *воздушное демпфирование, пневматическая амортизация*
danger warning sign [auto] *дорожный знак, предупреждающий об опасности*
dashboard [auto] *приборная доска; приборный щиток*
dashboard lamp [auto] *лампа приборного щитка*
dashboard unit [auto] *датчики приборной панели*
dashpot *амортизатор, воздушный буфер, гаситель гидроудара, гидравлический амортизатор, дроссель, масляный буфер, пневматический амортизатор, успокоитель*
dashpot overload *перегрузка гидравлического амортизатора*
dashpot pump [auto] *ускорительный насос (карбюратора)*
dead black *черная краска, чернь*
dead-head *незагруженный грузовой автомобиль, порожняк*
deadweight *полная грузоподъемность, собственная масса*
deburrer *инструмент для снятия заусенцев*
decarbonize an engine (vb.) *удалять нагар с деталей двигателя, удалять налет сажи с деталей двигателя*
decelerate (vb.) *замедлять, снижать скорость, тормозить*
deceleration *замедление, торможение*
deceleration lane *полоса замедленного движения*
declutch (vb.) *разъединять (муфту, сцепление)*
declutching *выключение сцепления (автомобиля)*
dedendum [gear] *высота ножки зуба (зубчатого колеса), ножка зуба (зубчатого колеса)*
dedendum circle [gear] *окружность впадин зубьев (зубчатого колеса)*
dedendum flank [gear] *боковая поверхность ножки зуба (зубчатого колеса)*
deep groove ball bearing *шариковый подшипник с глубоким желобом*
deep offset [skrew] *резьба глубокого профиля*
deep-seated rust *въевшаяся ржавчина, коррозионная язва*
deflector *дефлектор, отклоняющее устройство, отражатель*
defroster [auto] *антиобледенитель, дефростер, стеклообогреватель*
degrease (vb.) *обезжиривать, удалять смазку*
degreaser *обезжиривающее вещество*
degreasing *обезжиривание, удаление смазки*
degreasing agent *обезжиривающее вещество*
degree of admission [auto] *коэффициент наполнения*
degree of lock [auto] *угол поворота колеса от упора до упора*

DEL

de-icing salt *антиобледенительная соль*
delicate adjustment *тонкая регулировка*
delivery head *гидравлический напор*
delivery side *напорная сторона*
demister [auto] *туманоуловитель, устройство против запотевания*
demountable rim wheel *колесо со съемным ободом*
dense graded mix *твердый асфальтобетон*
denture clutch *зубчатая муфта*
de-oiler *обезжириватель, обезжиривающее средство*
depth of screw *длина резьбовой части винта*
depth of thread *высота профиля резьбы*
derating [auto] *снижение номинальных значений*
DERV (diesel engined road vehicle) *транспортное средство с дизельным двигателем*
design volume [traf.] *расчетная напряженность движения (число автомобилей, проходящих за единицу времени)*
detent *зуб, кулачок, собачка, стопор, упорный рычаг, фиксатор*
detent ball *шариковый фиксатор*
detent eccentric *эксцентрик фиксатора*
detent latch *стопор-защелка*
detent pin *стопор, стопорный палец, фиксирующий штифт*
detergent *детергент, моющая присадка (к моторному маслу), присадка, предотвращающая образование осадка*
detonation [auto] *детонация*
detour [road] *объезд*
detour road *объездная дорога*
detreader *машина для срезки протектора со старой покрышки*
diameter of bore *диаметр расточенного отверстия, посадочный диаметр*
diameter of head *диаметр головки (винта)*
diametral pitch [gear] *диаметральный питч (отношение числа зубьев к диаметру зубчатого колеса в дюймах)*
diamond [traf.] *ромбовидная развязка (дороги)*
diamond interchange [traf.] *ромбовидная развязка (автомобильной дороги)*
diaphragm carburettor *диафрагменный карбюратор*
diaphragm pump *диафрагменный насос*
diaphragm valve *мембранный вентиль, мембранный клапан*
die (vb.) [auto] *штамповать*
die head *винторезная головка*
diesel [auto] *дизель; дизельный двигатель*
diesel car *легковой автомобиль с дизельным двигателем*
diesel cycle *цикл Дизеля*
diesel-driven *дизельный*
diesel engine *дизельный двигатель*
diesel engined road vehicle (DERV) *дорожное транспортное средство с дизельным двигателем*

diesel engine with turbulence дизельный двигатель с вихревой камерой сгорания
diesel fuel дизельное топливо
diesel fuel for motor vehicles автомобильное дизельное топливо
diesel oil дизельное топливо, солярка
diesel-powered дизельный, с приводом от дизельного двигателя
diesel process цикл Дизеля
diesel railcar автомотриса с дизельным двигателем
difference in grades [road] разность отметок
differential дифференциал (автомобиля); [auto] дифференциальный механизм
differential blocking блокировка дифференциала (автомобиля)
differential car axle полуось ведущего моста автомобиля
differential drive [auto] передача с разделением потока мощности
differential gear [auto] дифференциал
differential lock механизм блокировки дифференциала (автомобиля), устройство блокировки дифференциала (автомобиля)
differential motion движение с различной скоростью
differential pinion сателлит дифференциала (автомобиля)
differential pressure gauge дифференциальный манометр
differential side shaft полуось дифференциала (автомобиля)
differential spider pinion сателлит дифференциала (автомобиля)
diluent бензин для разжижения масла, разбавитель, разжижитель, растворитель
dim (vb.) переключать фары автомобиля на ближний свет, уменьшать освещенность
dimension with no indication of tolerances свободный размер (без указания допуска)
diminishing pipe переходная труба, соединительный патрубок
diminishing socket переходная втулка, переходная соединительная муфта, редукционная муфта
dim light [auto] ближний свет (фар)
dimmers [auto] фары ближнего света
dimmer switch [auto] реостат для регулирования света лампы
dipped beam ближний свет фар
dip rod [motor] измерительная рейка; [auto] стержневой указатель уровня (масла); штыковой указатель уровня (масла); [auto] щуп
dipstick масломерный щуп, стрежневой указатель уровня (масла); [motor] штыковой указатель уровня (масла), щуп
dip switch [auto] переключатель ближнего света фар
dip the lights (vb.) [auto] переключатель фары на ближний свет
direct-acting shock absorber амортизатор прямого действия

DIR

direct-current motor электродвигатель постоянного тока
direct-drive acceleration ускорение при прямой передаче
direct injection прямой впрыск (топлива)
direct injection engine двигатель с прямым впрыском (топлива)
directional census [road] учет движения транспорта по направлению
directional lamp [auto] лампа указателя поворота
direction arrow [traf.] стрелка, указывающая направление
direction indicator [auto] указатель направления, указатель поворота
direction of motion [traf.] направление движения
direction sign дорожный указательный знак, указатель направления
direct lift hoist гидравлический подъемник (для автомобилей)
direct switching starter пускатель прямого включения
direct transmission прямая передача
dirt road грунтовая дорога, дорога с грунтовым покрытием, проселочная дорога
disc brake [auto] дисковый тормоз
disc brake calliper [auto] скоба дискового тормоза
disc cam дисковый кулачок
disc clutch дисковая муфта
disc for V-belt шкив клинового ремня
discharge opening выпускное отверстие
discharge outlet выпускное отверстие
discharge rate ток разряда (аккумуляторной батареи)
discharging разрядка (аккумулятора)
discharging current разрядный ток
discharging gap искровой промежуток
disconnecting sleeve разъединительная муфта, разъемная соединительная муфта
disconnecting switch reverser переключатель направления вращения с размыканием
disc spring тарельчатая пружина
disc valve дисковый клапан, тарельчатый клапан
disembarkation высадка (пассажиров в конечном пункте маршрута)
disengage (vb.) выводить из зацепления, выключать сцепление
disengage a load (vb.) [truck] разгружать
disengagement выключение сцепления
disengaging clutch расцепная муфта
disengaging gear механизм выключения
disengaging lever рычаг выключения
dispenser распределитель, распределительное устройство
dispersion рассредоточение
displacement [motor] рабочий объем (цилиндра)

disruption voltage *разрядное напряжение*
disruptive voltage *напряжение пробоя*
dissipator *радиатор*
distance beam headlight [auto] *фара дальнего света*
distance mark *дорожный указатель расстояния;*
  [road] *километровый знак*
distance meter *спидометр*
distance ring *ограничительное кольцо, прокладочное кольцо*
distressed *потерпевший аварию*
distress flare *аварийный световой сигнал*
distributing valve *распределительный клапан*
distributor [auto] *распределитель зажигания*
distributor advance [auto] *опережение зажигания*
distributor rotor [auto] *ротор распределителя зажигания*
distributor suppressor *устройство подавления помех*
  распределителя зажигания
distributor valve *распределительный клапан*
diverging [traf.] *направление транспорта в объезд*
diverging volume [traf.] *число автомобилей, направляемых в*
  объезд
diversion [traf.] *направление транспорта в объезд, объезд,*
  объездная дорога, устройство объезда
diverted route [traf.] *измененный маршрут (движения);*
  объездной путь
divert traffic (vb.) *менять направление движения транспорта,*
  направлять транспорт в объезд
divided brake system [auto] *система раздельного торможения*
  (пар колес)
dog *собачка*
dog clutch *кулачковая муфта*
dog coupling *кулачковая муфта*
dog point *цилиндрический конец (установочного винта)*
DOHC (double overhead camshaft) [auto] *с двумя верхними*
  распределительными валами
dome *обзорный фонарь (двухэтажного транспортного средства),*
  обтекатель
dome nut *глухая гайка, колпачковая гайка*
door hinge *дверная петля*
door interlock *система централизованной блокировки замков*
  дверей автомобиля
dope *густая смазка, диффузант, добавка, легирующая примесь,*
  присадка, уплотняющая замазка
double-acting cylinder *гидроцилиндр двойного действия*
double-acting piston *поршень двойного действия*
double-acting shock absorber *амортизатор двойного*
  (двустороннего) действия
double-action tipping trailer *прицеп-самосвал с разгрузкой*
  на две стороны

DOU

double-articulated bus *трехсекционный автобус*
double bend *зигзагообразный участок дороги*
double circuit brake [auto] *двухконтурная тормозная система*
doubledeck bus *двухэтажный автобус*
double-deck bus (double-decker) *автобус с расположением пассажирских мест в два яруса, один над другим, 'двухэтажный' автобус*
doubledecker trailer *двухэтажный трейлер*
double declutch [auto] *сдвоенное управление выключением сцепления*
double-ended box wrench *двусторонний гаечный ключ с закрытым зевом*
double-ended spanner *двусторонний гаечный ключ*
double flange *двойной фланец*
double head engineers wrench *двусторонний гаечный ключ*
double helical gear *шевронная зубчатая передача, шевронное зубчатое колесо*
double helical teeth *зубья шевронного зубчатого колеса*
double hex socket wrench *двусторонной гаечный ключ с шестигранным углублением*
double offset screwdriver *двусторонняя коленчатая отвертка*
double overhead camshaft (DOHC) [auto] *сдвоенный верхнерасположенный распределительный вал*
double parking [traf.] *парковка автомобилей в два ряда*
double piston *ступенчатый поршень*
double piston wheel brake cylinder *двухпоршневой колесный тормозной цилиндр*
double-sliding socket *двойная подвижная соединительная муфта*
double socket taper *двойная подвижная соединительная муфта*
double thread *двухзаходная резьба*
double-threaded *с двухзаходной резьбой*
dovetail key *двойная шпонка*
dowel *установочный палец, шип, шпонка, штифт, штырь*
dowel bush *направляющая втулка*
dowel pin *контрольный штифт, установочный шип*
down-draft carburetor *карбюратор*
downdraught carburettor *карбюратор с нисходящим потоком воздуха, карбюратор с падающим потоком воздуха*
down-draught carburettor *карбюратор*
downstroke of piston *ход поршня вниз*
drag (vb.) *тормозить, утюжить дорожное покрытие*
drag coefficient [auto] *коэффициент лобового сопротивления*
drainage course [road] *дренажный слой, фильтрующий слой*
draining hose *сливной шланг, спускной шланг*

draw (vb.) *всасывать*
drawbar *затяжной винт*
drawdown *допустимый дефицит жидкости (без ущерба для работоспособности двигателя)*
drill diameter *диаметр сверла*
drill drift *клин для выколачивания хвоста сверла из шпинделя*
drill with pilot *сверло с направляющей цапфой*
drip fuel line *топливопровод*
dripping moulding [auto] *профилированный полосовой материал для уплотняющих деталей (кузова)*
drive *подъездная дорога*
drive axis *вал привода*
drive chain [cycle] *ведущая цепь*
drive line [auto] *карданная передача*
drive mechanism *привод, приводной механизм*
driven axle *ведомая ось*
driven feed *механизированная подача*
driven gear *ведомое зубчатое колесо*
drive noise [auto] *шум от ведущего моста*
driven shaft *ведомый вал*
drive pin [auto] *бородок; пробойник*
drive pinion *ведущая шестерня*
driver *ведущее звено передачи, ведущий элемент передачи, водитель (автомобиля)*
driver's cab *водительская кабина (грузового автомобиля)*
driver's cabin *кабина автомобиля*
driver's licence (US) *водительские права, водительское удостоверение*
driver's license *права*
driver's seat *сиденье водителя*
driver's side air bag *надувная аварийная подушка со стороны водительского сидения*
driver-side airbag *надувная аварийная подушка безопасности водителя*
drive screw *приводной винт, ходовой винт*
drive shaft [auto] *карданный вал; приводной вал*
drive sleeve *ведущая муфта, приводная муфта*
driveway *подъездная дорога, подъездной путь, проезд, проезжая часть дороги*
driving *вождение (автомобиля), управление (автомобилем)*
driving actuator *привод*
driving axle *ведущая ось, ведущий (главный) мост*
driving belt *приводной ремень*
driving drum *ведущий барабан*
driving flat *поводковая лыска (на хвостовике инструмента)*
driving force *движущая сила, тяговое усилие*
driving gear *ведущее зубчатое колесо, ведущий механизм*

DRI

driving licence (UK) *водительские права, водительское удостоверение*
driving light *дальний свет (фар)*
driving period and rest period *время работы и время отдыха водителя в рейсе*
driving pinion *ведущая шестерня*
driving plate *ведущая шайба, ведущий диск, поводковая планшайба*
driving power *мощность привода*
driving pulley *ведущий шкив, приводной шкив*
driving qualities *общая характеристика управляемости автомобиля*
driving shaft *ведущий вал, приводной вал*
driving shaft coupling *муфта ведущего вала*
driving spindle *приводной шпиндель*
driving sprocket *ведущая звездочка (цепной передачи)*
driving square (for tools) *квадратный хвостовик*
driving test *дорожные испытания (шины), экзамен на право вождения автомобиля, эксплуатационные испытания (автомобиля)*
driving time *фактическое время работы водителя в рейсе*
driving wheel *ведущее колесо*
drop arm *маятник;* [auto] *рулевая сошка; сонка рулевого механизма*
drop arm spindle [auto] *ось рулевой сошки*
drop backboard [auto] *откидной задний борт (кузова)*
drop ball *шаровая пята*
drop valve [motor] *опускающийся клапан*
drop window [auto] *опускное окно*
drove *грунтовая дорога, проезжая часть дороги*
drum brake *колодочный тормоз*
drunk driving *управление автомобилем в нетрезвом состоянии*
dry clutch [auto] *сухое сцепление*
dry disc [auto] *сухой диск (сцепления)*
dry disc clutch [auto] *сухое дисковое сцепление*
dry liner [auto] *сухая гильза (цилиндра двигателя)*
dry powder extinguisher *порошковый огнетушитель*
dry-type air cleaner [auto] *воздухоочиститель сухого типа*
dry weight [auto] *сухая масса (незаправленного двигателя)*
dual carburettor *двухдиффузорный карбюратор*
dual carriageway *проезжая часть дороги с двусторонним движением, проезжая часть дороги с разделительной полосой*
dual circuit brake [auto] *двухконтурная тормозная система*
dual control *двойное управление*
dual gear *сдвоенное зубчатое колесо*
dual ignition *система зажигания с двумя свечами на цилиндр*
dual layer filter *двухслойный фильтр*

dual-mode bus *дизель-электрический автобус*
dual ratio axle *мост с двойной главной передачей*
dual-throat downdraught carburettor
       [auto] *двухдиффузорный карбюратор с нисходящим потоком воздуха*
dummy plug *пробка-заглушка*
dumper *самосвал*
dumping body *опрокидывающийся кузов (самосвала)*
dump truck *самосвал*
duplex-brake *двухколодочный тормоз*
duplex carburettor *двухдиффузорный карбюратор*
duplicate control *двойное управление*
duplicate part *запасная деталь, запасная часть*
dust arrester *пылеуловитель*
dust cap *колпачок вентиля (пневматической шины), пылезащитный колпачок (сапуна), пыленепроницаемая крышка*
dutchman *обломок ниппеля резьбового соединения, оставшийся в муфте, подкладка, соединительная трубка*
duty truck *автофургон для развозки товаров*
duty-type [motor] *специального назначения*
dwarf *карликовый светофор*
dwarf signal *карликовый светофор*
dynamic movement detector *детектор присутствия автомобиля на магистрали*
dynamic-presence detector *детектор присутствия автомобиля на магистрали*
dynamic roller radius [auto] *динамический радиус качения (колеса)*
dynamic weight deposition [road] *динамическое распределение массы*
dynamometric key *гаечный ключ с ограничением по крутящему моменту*
dynamometric wrench *гаечный ключ с ограничением по крутящему моменту*

E

early ignition [auto] *зажигание с опережением*
earth (vb.) *заземлять*
earthing strap (UK) [auto] *заземляющая шина*
earthmoving equipment *землеройные и транспортировочные машины*
eccentric bearing *подшипник эксцентрика*
eccentric bushing *регулировочная втулка*
econometer *экономайзер*
economic (adj.) *экономичный*
economy drive [auto] *режим экономии*
edge *край, ребро*
edge of carriageway [road] *бровка проезжей части*
edge of roadway [road] *бровка проезжей части*
edging [road] *бордюр*
Edison accumulator *железо-никелевый аккумулятор*
effective braking area *эффективная (рабочая) поверхность торможения*
effective face width [gear] *эффективная ширина зубчатого венца (зубчатого колеса)*
effective pitch diameter [gear] *эффективный начальный диаметр зубчатого колеса*
effort *усилие*
ejector *выталкиватель, эжектор*
elastic washer *пружинящая (упругая) шайба*
elbow *колено*
elbow fitting *коленчатый патрубок*
elbow pipe *коленчатая труба*
elbow shock *фланцевое колено с лапой (переход от горизонтального участка трубы к вертикальному)*
elbow union *коленчатое соединение*
elbow with foot *фланцевое колено с лапой*
electric accumulator *аккумулятор, аккумуляторная батарея*
electrical drawing *схема электрооборудования (чертеж)*
electric car *автомобиль с электрическим приводом, электромобиль*
electric moped *электромопед*
electric motor *электродвигатель*
electric relay *электрическое реле*
electric road vehicle *электромобиль*
electric transport vehicle *электромобиль*
electric truck *электрокар*
electric vehicle *электромобиль*
electrode spacing *расстояние между электродами*
electromobile *электромобиль*
electromotor *электродвигатель*

ELE

electronic anti-locking device [auto] *электронное антиблокировочное устройство*
electronic anti-skid system [auto] *электронное антиблокировочное устройство*
electronic braking control [auto] *электронное управление торможением*
electronic car *автомобиль с электронным управлением*
electronic carburettor *карбюратор с электронной регулировкой*
electronic fuel injection system [motor] *электронная система впрыска топлива*
electronic ignition [motor] *электронная система зажигания*
electronic metering of fuel injection [motor] *электронная система измерения впрыска топлива*
electronic traffic control *электронная система управления движением*
elevated crossing [road] *пересечение (дорог) в разных уровнях*
elevated rapid transit system *надземная скоростная транспортная система*
elevated road *эстакадная дорога*
elevating screw *установочный (юстировочный) винт*
emergency aid *аварийная помощь*
emergency brake application *экстренное (аврийное) торможение*
emergency lane [road] *аварийная полоса*
emery cloth *шкурка*
enable *запуск*
encircling highway *кольцевая автодорога*
end board [auto] *ограничительная прокладка*
end door *дверь в задней стенке (вагона, автомашины)*
endfloat *люфт, осевой зазор*
end for self-tapping screw *концевая часть самонарезающего винта*
end for thread rolling screw *концевая часть винта с резьбонакатной головкой*
end gate rear [auto] *задняя сторона концевого затвора*
endurance *срок службы*
energizer *генератор*
energy-absorbing steering column [auto] *рулевая колонка, поглощающая энергию*
engage *наживлять*
engine *двигатель*
engine block *блок двигателя*
engine bonnet (UK) *крышка двигателя*
engine breakdown *поломка двигателя*
engine breather *вентиляционный клапан в крышке топливного бака, сапун двигателя*

ENG

engine compartment bulkhead *перегородка моторного отделения*
engine console *блок двигателя*
engineer's wrench *(гаечный) ключ*
engine failure *дефект двигателя*.
engine frame *подрамник двигателя*
engine hood (US) *капот двигателя*
engine mount *монтажная опора двигателя*
engine oil *моторное масло*
engine oil fill *заливка машинного масла*
engine performance *характеристики двигателя*
engine pit *углубление для двигателя*
engine power *мощность двигателя*
engine rotational frequency *частота вращения двигателя*
engine running light *сигнальная лампа работающего двигателя*
engine trouble *дефект двигателя*
engine with carburetor *карбюраторный двигатель*
engine with cylinders all in one piece *двигатель с цилиндрами в одном блоке*
engine with cylinders cast en bloc *двигатель с цилиндрами в одном блоке*
engine with fuel injection *форсуночный двигатель*
entering traffic *входящий транспортный поток*
entry point [road] *подъезд*
epicycloidal gear *планетарная зубчатая передача*
equally spaced teeth [gear] *равномерно расположенные зубья*
equip with catalytic converter (vb.) [auto] *оснащенный каталитическим преобразователем*
escutcheon *маскирующий фланец трубы (для маскировки отверстия в полу или стене)*
estate car [auto] *автомобиль с кузовом типа 'универсал'*
exchange engine [auto] *обменный двигатель*
exclusive bus,lane *дорожная полоса только для автобусного движения*
exclusive lane *дорожная полоса только для движения спецтранспорта*
exhaust *выпуск, выхлоп, выхлопная (выпускная) труба*
exhaust brake [auto] *горный тормоз*
exhaust catalytic converter system [auto] *каталитический нейтрализатор выхлопных газов*
exhaust emission *выброс выхлопных газов*
exhaust gas *отработавший (выхлопной) газ*
exhaust gas combustor *камера сжигания выхлопных газов*
exhaust manifold [auto] *выпускной коллектор, выхлопной патрубок*
exhaust muffler (US) [auto] *глушитель выхлопной системы*

exhaust opener *расширитель для выпуска отработавших газов*
exhaust pipe *выхлопная труба*
exhaust pipe(s) [auto] *выпускная труба(ы)*
exhaust port *выхлопное отверстие*
exhaust silencer (UK) [auto] *глушитель выхлопной системы*
exhaust valve [motor] *выпускной клапан*
expansion joint *соединение с промежуточным сильфоном*
expansion screw *установочный (юстировочный) винт*
expansion stroke *рабочий такт, рабочий ход*
expansion valve *расширительный клапан*
experimental road *экспериментальная дорога*
experimental safety vehicle (ESV) *экспериментальный безопасный автомобиль*
experimental stretch of road *экспериментальный участок дороги*
express bus *автобус-экспресс*
expressroad *скоростная автодорога*
express tramway *скоростной трамвай*
expressway *скоростная автодорога*
expressway (US) *автострада*
exterior mirror [auto] *наружное зеркало*
external combustion engine *двигатель внешнего сгорания*
external screw thread *наружная резьба*
external screw thread cutting *нарезание наружной резьбы*
external square drive adapter *трубный переходник квадратного сечения*
external tab washer *стопорная шайба с наружными зубьями*
external teeth [gear] *наружный зуб*
external thread *наружная резьба*
external toothing [gear] *внешнее зацепление*
extinguisher *огнетушитель*
extinguishing agent *огнегасящий состав*
extra *дополнительный, запасной*
extra-fine thread *сверхмелкая резьба*
eye bolt *болт с проушиной, рым-болт*
eyelet bolt *болт с проушиной*
eyelet pliers *дыропробивные клещи*
eye screw *винт с петлей или ушком, рым*

F

fabricated metal products *металлические изделия, метизы*
fabric bearing *подшипник из синтетической смолы*
fabric filter *тканевый фильтр*
face *лицевая сторона, наружная поверхность, срез, торец, фаска*
face chuck *планшайба*
faced nut *отторцованная гайка*
face of tooth [gear] *поверхность головки зуба*
facet *фаска*
face wrench *торцовый ключ*
facia *панель приборов*
factory preset *отрегулированный на заводе*
factory setting *заводская регулировка, заводская установка*
fail (vb.) *глохнуть*
failure *неисправность, отказ, поломка*
fan *вентилятор*
fan baffle *лопасть вентилятора*
fan belt *вентиляторный ремень*
fan blade *лопасть вентилятора, лопатка вентилятора*
fan blower *крыльчатый вентилятор*
fancy strip *багет, декоративная планка*
fan motor *вентиляторный электродвигатель*
fan pulley *шкив вентилятора*
fan shaft *вал вентилятора*
fan wheel *шкив вентилятора*
fare stage [traf.] *тарифная зона*
farm road *проселочная дорога*
farm track *проселочная дорога*
far side [road] *левая сторона при правостороннем движении;*
      [traf.] *правая сторона при левостороннем движении*
fascia (UK) [auto] *приборная доска, приборная панель, приборный щиток*
fast (adj.) *прочный*
fastening bolt *крепежный болт*
fastening bow *крепежная скоба*
fastening screw *крепежный винт*
fasten with rivets (vb.) *заклепывать, скреплять заклепками*
fasten with screws (vb.) *скреплять винтами*
fastness to staining *коррозионная стойкость*
fatal accident *несчастный случай со смертельным исходом*
fat mixture [motor] *богатая смесь*
fault-finding vehicle *автомобиль с измерительной аппаратурой*
federal road *автострада*
federal road (US) *скоростная магистраль*
feed *подача*

FEE

feeder bus *фидерная шина*
feeder road *подъездная дорога, транспортная артерия*
feed rod *тяга механизма подачи, ходовой валик*
feed shaft *вал подачи, ходовой вал*
feed system *привод подачи, система питания*
feeler gauge *калибр для измерения зазоров, толщиномер*
felt disc *войлочная шайба*
felt gasket *войлочная прокладка*
felt joint *войлочная муфта*
felt pad *войлочная прокладка, фетровый прижимной полозок*
female *с внутренней резьбой*
female connector *гнездовая контакт-деталь с внутренней резьбой*
female end *гнездовая контакт-деталь с внутренней резьбой*
female thread *внутренняя резьба*
fender (UK) [auto] *кранец, предохранительная решетка*
fender (US) [auto] *ограждающий щиток*
fender beam *колесоотбойный брус*
fender flap (US) [auto] *брызговик*
ferrule *манжета, уплотнительное кольцо*
ferry *автомобильный паром*
fifth wheel *мерное колесо (для дорожных испытаний)*
fifth wheel load [auto] *нагрузка на мерное колесо*
filament bulb *лампа накаливания*
filament lamp *лампа накаливания*
filler cap [auto] *капот радиатора, крышка заливной горловины*
filling station [auto] *заправочная станция, топливозаправочная станция*
filling valve *наполнительный клапан*
fillister head [screw] *круглая головка, цилиндрическая головка*
fillister head screw *винт со сфероцилиндрической головкой*
filter holder *фильтродержатель*
final broaching *окончательная протяжка*
final check *последняя проверка*
final drive [auto] *конечная передача, последнее звено привода*
fine bituminous concrete *мелкозернистый асфальтобетон*
fine cold asphalt *мелкозернистая асфальтобетонная смесь в холодном состоянии*
fine material [road] *наполнитель*
finger screw *винт крепления пальца*
finisher [road] *бетоноукладчик*
finish screw thread cutting *чистовое нарезание резьбы винтов*
fire brigade truck *пожарный автомобиль*
fire engine *пожарный автомобиль*
fire extinguisher *огнетушитель*
firing current [auto] *ток зажигания разряда*

firing order   [auto] *порядок работы цилиндров*
firing torque   [motor] *крутящий момент системы зажигания*
fishplate screw   *винт стыковой накладки*
fit with catalytic converter   [auto] *снабженный каталитическим преобразователем*
five-cylinder in-line diesel engine   [auto] *пятицилиндровый рядный (линейный) дизельный двигатель*
five spead gearbox   *пятискоростная коробка передач*
fixation hole   *крепежное отверстие, отверстие под болт, отверстие под винт*
fixed axle   *неподвижная ось*
fixed bushing   *постоянная направляющая втулка*
fixed castor   *неподвижный ролик*
fixed ration   [gear] *постоянное передаточное число*
fixing bolt   *крепежный болт*
fixing flange   *глухой фланец, заглушка*
fixing screw   *крепежный винт*
fixture   *зажим, зажимное приспособление, хомут*
flange   *фланец*
flange bush   *втулка с заплечиком*
flange connection   *фланцевое соединение*
flange coupling   *фланцевая муфта, фланцевое соединение*
flanged radiator   *пластинчатый охладитель, пластинчатый радиатор, ребристый охладитель*
flanged socket   *фланцевая соединительная муфта*
flange screw   *винт с буртиком*
flange splice   *фланцевый стык*
flank angle   [gear] *угол профиля резьбы*
flank of screw thread   *профиль резьбы винта*
flank of tooth   [gear] *боковая поверхность ножки зуба, профиль ножки зуба*
flap   *заслонка, откидная крышка (дверца), створка*
flare nut wrench   *накидной гаечный ключ*
flaring nut   *гайка с буртиком (фланцем)*
flasher lamp   [auto] *лампа проблескового прибора*
flashing amber light   *желтый проблесковый огонь*
flashing amber warning signal   [road] *желтый проблесковый предупредительный сигнал*
flat cone point   [screw] *вершина усеченного конуса, плоский конический конец*
flat countersunk bolt   *болт с плоской потайной головкой*
flat engine   *горизонтальный двигатель, двигатель с горизонтально расположенными цилиндрами*
flat feeler gauge   *калибр для измерения зазоров*
flat fillister head screw (UK)   *винт с плоской цилиндрической головкой*
flat head   *плоская головка (винта)*

FLA

flat leaf screw *винт с плоской головкой*
flat lorry *грузовой автомобиль с безбортовой платформой*
flat-nosed and cutting nippers *кусачки, острогубцы*
flat nose pliers *плоскогубцы*
flat pallet *плоский поддон*
flat trim head [screw] *потайная головка*
flat-twin engine *двигатель с двумя горизонтально расположенными противолежащими цилиндрами*
flex head socket wrench *торцевой гаечный ключ с гибкой головкой*
flexible coupling *упругая муфта, шарнирное соединение*
flexible hose *гибкий шланг*
flexible pipe *шланг*
flexible shaft *гибкий вал*
flint cloth *шкурка*
flint paper *наждачная шкурка*
float [motor] *поплавок*
float chamber [motor] *поплавковая камера*
float-controlled valve *поплавковый распределительный клапан*
floating axle *мост с ненагруженными (разгруженными) полуосями*
floating bush *плавающая втулка*
float valve [auto] *поплавковый клапан, поплавковый регулятор*
flood lubricated bearing *подшипник, погруженный в смазку*
flotation ability *плавучесть, проходимость*
fluid flywheel [auto] *гидромуфта*
flush (vb.) *давать вспышку*
flush bushing *ниппель, соединительная втулка*
flush gas (US) [motor] *мгновенно выделяющийся газ*
fly nut *крыльчатая (барашковая) гайка*
fly-over [road] *мост-путепровод*
fly-over intersection *дорожная развязка в разных уровнях*
fly-over junction *дорожная развязка в разных уровнях*
flywheel *маховик*
flywheel governor [motor] *маховик-регулятор*
flywheel starter *маховик для привода стартера*
foam fire extinguisher *пенный огнетушитель*
fog lamp [auto] *противотуманная фара*
fog light *противотуманная фара*
fog warning sign *дорожный знак предупреждения о тумане*
folding back seat *складывающееся заднее сиденье*
folding bicycle *складной велосипед*
follower gear *ведомое зубчатое колесо*
following distance (UK) [traf.] *интервал между следующими друг за другом автомобилями*
foot-operated *с педальным управлением*
footpath *пешеходная дорожка, помост, тротуар*

foot pipe *всасывающий патрубок (насоса)*
foot rest [motorcyc.] *подножка*
foot screw *упорный винт*
footstep bearing *упорный подшипник*
foot switch *педальный переключатель*
foot traffic *пешеходный поток*
footway *пешеходная дорожка, тротуар*
forced air circulation *принудительная циркуляция воздуха*
forced flow of traffic *ускоренный транспортный поток*
forced lubricated bearing *подшипник, смазываемый под давлением*
forced oil lubrication *смазывание под давлением жидким смазочным материалом*
force-feed lubrication *смазывание под давлением*
force of a spring *жесткость пружины*
force pump *нагнетательный насос*
fork arm [truck] *вилкообразный рычаг, вильчатый рычаг*
fork arm carriage [truck] *каретка, салазки*
fork arms *вилка*
fork carrier [truck] *вилочный держатель*
forked bolt *болт с раздвоенным концом*
forked connection rod [motor] *вильчатый шатун*
fork link *вилочная кулиса*
fork mounting *рама, заканчивающаяся развилкой*
fork pin *цапфа в вилкообразной части детали*
fork spanner *вильчатый (гаечный) ключ*
fork wrench *вильчатый (гаечный) ключ*
formation [road] *основание*
for mechanical application *для механического применения*
for reasons of design *из конструктивных соображений*
forward folding steering column [auto] *складывающаяся вперед рулевая колонка*
forwarding agency *транспортно-экспедиционное агентство*
forwarding office *транспортно-экспедиционная контора*
forward path *цепь прямой передачи*
forward speed [auto] *поступательная скорость*
foundation nut *опорная гайка*
foundation soil [road] *подстилающий слой*
four-cycle engine (US) *четырехтактный двигатель*
four-door saloon car *четырехдверный автомобиль, четырехдверный седан*
four-door sedan *четырехдверный автомобиль, четырехдверный седан*
four-lane highway *шоссе с четырехполосным движением*
four-leg crossroads *транспортная развязка с движением в четырех направлениях*
four-legged intersection *транспортная развязка с движением в четырех направлениях*

FOU

four-leg junction *транспортная развязка с движением в четырех направлениях*
fourseater *четырехместный автомобиль*
four-stroke engine (UK) *четырехтактный двигатель*
four-way piece *крестовина*
four-way socket wrench *крестовидный гаечный ключ с гранным углублением, крестовидный торцевой гаечный ключ*
four-wheel drive (4WD) *привод на четыре колеса*
four-wheel drive off-road car *полноприводной автомобиль повышенной проходимости*
fourwheel steering tractor *тягач с четырьмя ведущими колесами*
fractional horsepower motor *маломощный электродвигатель*
frame-suspended motor *жестко закрепленный двигатель*
free acceleration *разгон автомобиля без нагрузки двигателя, свободное ускорение*
free car park *бесплатная стоянка легковых автомобилей*
free engine clutch [auto] *муфта свободного хода*
free flow of traffic *беспрепятственное движение транспорта*
free piston engine *свободнопоршневой двигатель*
free riding [traf.] *свободный ход*
free-riding [traf.] *свободный ход*
free running [motor] *свободное колебание;* [auto] *холостой ход*
free sight [traf.] *свободный обзор*
freeway (US) *автострада*
free wheel *муфта свободного хода*
free-wheel *муфта механизма свободного хода*
free-wheel clutch *муфта свободного хода*
free-wheeled vehicle *транспортное средство с разгруженными колесами*
free-wheel sprocket-wheel *звездочка цепной передачи с бегунком*
freight terminal *грузовой терминал*
freight traffic *грузовое движение, грузовые перевозки*
freight transport *грузовой транспорт*
friction bearing *подшипник скольжения*
friction brake *фрикционный тормоз*
friction circle *фрикционный диск*
friction clutch *фрикционная муфта, фрикционное сцепление*
friction coupling *фрикционная муфта*
frictioning *промазка резиной, прорезинивание*
friction shock absorber *фрикционный амортизатор*
friction spring *скользящая пружина*
friction washer *колодка фрикционной муфты с разжимным кольцом, пружинящее кольцо*
frog rammer [road] *пневматическая трамбовка*

front axle   [auto] *передняя ось*
front brake   *тормоз переднего колеса*
front crash   *лобовое столкновение*
front desk   *передняя панель*
front disc brake   [auto] *передний дисковый тормоз, тормоз переднего диска*
front door   [auto] *передняя дверь*
front drive   [auto] *передний привод*
front-driver   *переднеприводное транспортное средство*
front drum brake   [auto] *передний барабанный тормоз, тормоз переднего барабана*
front face shank   *передняя поверхность хвостовика (инструмента)*
front fork   [cycle] *вилка передней оси*
front forks   [cycle] *вилка передней оси*
front putty   *замазка, шпаклевка*
front screen   *ветровое стекло, переднее стекло*
front seat   *переднее сидение*
front spar   *передний лонжерон*
front spoiler   *передний спойлер*
front tyre   *шина переднего колеса*
front wheel   *переднее колесо*
front-wheel drive   [auto] *привод передних колес*
front wheel drum brake (drum brake)   *барабанный тормоз переднего колеса*
front-wheel suspension   *подвеска передних колес*
front wing   *переднее крыло*
frost blanket course   [road] *слой основания*
frost boil   [road] *вспучивание от мороза*
frost heave   [road] *пучина*
frost lift   [road] *пучина*
Froude brake   *фрикционный тормоз*
fuel cell powered electric vehicle   *электромобиль с приводом от топливных элементов*
fuel gas   [auto] *топливный газ*
fuel gauge   *топливный расходомер, топливомер, указатель уровня топлива*
fuel hand pump   *топливный ручной насос*
fuel hose   *топливный заправочный шланг, шланг подачи топлива*
fuel injection   *впрыск топлива*
fuel injector   *топливная форсунка*
fuel inlet (UK)   *топливный коллектор*
fuel jet   *топливный жиклер*
fuel leak line   *топливопровод*
fuel line   *топливная магистраль, топливопровод*
fuelling   *заправка топливом*
fuelling vehicle   *бензозаправщик, топливозаправщик*

FUE

fuel meter *топливный расходомер*
fuel-miser vehicle *экономичное транспортное средство*
fuel oil *мазут*
fuel pet cock [motor] *кран для спуска топлива*
fuel pressure line *топливопровод высокого давления*
fuel pressure pipe *топливопровод высокого давления*
fuel pressure regulator *регулятор топливного давления*
fuel pump [motor] *топливный насос*
fuel pump barrel *цилиндр плунжера топливного насоса*
fuel-switching *регулирование подачи топлива*
fuel system [motor] *топливная система*
fuel tank *бензобак, топливная цистерна;* [auto] *топливный бак; цистерна для перевозки топлива*
fuel tank cap [auto] *крышка заливной горловины топливного бака*
full acceleration *полная приемистость двигателя, полный разгон автомобиля*
full depth asphalt construction [road] *полностью асфальтобетонное покрытие*
full dog point *цилиндрическая цапфа (на конце болта)*
full form cylindrical plug gauge *цилиндрический калибр-пробка*
full form spherical disc gauge *сферический калибр-кольцо*
full form spherical plug gauge *сферический калибр-пробка*
full form threaded plug gauge *резьбовой калибр-пробка*
full retreading *восстановление протектора шины*
full shroud [gear] *полное ограждение*
full throttle [motor] *полностью открытая дроссельная заслонка*
fulminating cotton *детонирующий хлопок*
function button *функциональная клавиша*
fuse *плавкий предохранитель*
fuse board *панель для предохранителей*
fusible cut-out *плавкий предохранитель*
FWD (four-wheel drive) *привод на четыре колеса*

G

gaiter [auto] *гофрированный чехол (для защиты от грязи подвижных соединений), манжета для ремонта шин*
galling *износ от трения, стирание*
gap gauge *калибр или щуп для измерения зазоров*
garage, at the [auto] *в гараже*
garter spring *пружинное кольцо*
gas *газ*
gas (US) *бензин*
gas cylinder *газовый баллон*
gas engine *газовый двигатель*
gaseous fuel *газообразное (моторное) топливо, горючий газ*
gash [gear] *впадина между зубьями*
gas hose *газовый шланг*
gasket *уплотнение, уплотняющая прокладка, уплотняющее кольцо*
gasketed *герметизированный, уплотненный*
gasket material *герметик, прокладочный материал*
gasket surface area *площадь соприкосновения (примыкания) прокладки*
gas mileage (gal/100 km or miles) (US) [auto] *удельный расход бензина (в галлонах на 100 км или 100 миль пробега)*
gas mixture *газовая смесь, горючая смесь*
gas mixture regulator *регулятор газовой смеси*
gas oil *газойль, дизельное топливо, жидкое топливо*
gasoline (US) *бензин*
gasoline barrel (US) *бензиновая бочка*
gasoline can (US) *канистра для бензина*
gasoline consumption (US) *расход бензина (США)*
gasoline drum (US) *бензиновая бочка*
gasoline engine (US) *бензиновый двигатель*
gasoline gage (US) *указатель количества бензина*
gasoline injection (US) *впрыскивание бензина*
gasoline inlet (US) *топливный коллектор*
gasoline pump (US) *бензиновый насос;* [motor] *бензонасос; бензоподкачивающий насос*
gasoline separator (US) *бензоотстойник, бензофильтр*
gasoline service station attendant (US) *рабочий или служащий бензозаправочной станции*
gasoline tank (US) *бензобак*
gasoline trap (US) *бензоотстойник*
gasoline vapor (US) *пары бензина*
gas pedal *педаль акселератора, педаль газа, педаль управления дроссельной заслонкой*
gas pipe wrench *газовый ключ*
gas-powered *бензиновый*

GAS

gas-powered (US) *работающий на бензине*
gassing *газовыделение, кипение электролита (аккумулятора)*
gas tank (US) [auto] *бензобак*
gas turbine bus *автобус с газотурбинным двигателем*
gas wrench *газовый (гаечный) ключ*
gate [road] *шлагбаум*
gate change gear [auto] *кулисный механизм переключения передач*
gate shift [auto] *кулисное переключение (передач)*
gauge [tool] *калибр*
gauge for holes *калибр для измерения отверстий, нутромер*
gauging rod *измерительный стержень, мерная рейка, стержневой указатель уровня жидкости*
gauze filter *сетчатый фильтр*
gear *механизм, прибор, шестерня*
gearbox *коробка передач*
gearbox case *картер коробки передач*
gearbox pinion shaft *первичный вал коробки передач*
gear-change *переключатель передач*
gear control fork *вилка переключения передач*
gear control lever *рычаг переключения передач*
gear down [auto] *включать понижающую передачу*
geared *находящийся в зацеплении, переключаемый, приводимый в движение*
gearing *зацепление, зубчатая передача, привод*
gear lever *рычаг переключения передач*
gear oil *трансмиссионное масло*
gear ratio *передаточное число*
gear selection *выбор передач (при селективном переключении)*
gearshift lever *рычаг переключения передач*
gear synchronization [auto] *синхронизация (при переключении) передач*
gear teeth *зубья зубчатого колеса*
gear train *блок шестерен, зубчатая передача, сложный зубчатый механизм*
gear transmission *зубчатая передача*
gear up [auto] *включать повышающую передачу*
gearwheel *зубчатое колесо*
general purpose motor *двигатель общего назначения*
general purpose vehicle *автомобиль общего назначения, джип, транспортное средство общего назначения*
general town planning scheme *генеральный план города*
general traffic plan *главная схема организации движения транспорта, общая схема организации движения транспорта*
generator *генератор*
generator light [auto] *контрольная лампа зарядки (аккумуляторной батареи)*

GHO

GG (ground-grip) tire (US) *шина повышенной проходимости*
ghost island [road] *островок безопасности*
gib-head key *клиновая шпонка с головкой*
gilled radiator *радиатор с пластинчатой сердцевиной, ребристый радиатор*
gimbals *универсальный шарнир*
gland *сальник*
gland flange *фланец с уплотнением*
gland nut *поджимная гайка набивного сальника*
gland seal *сальник*
glare screen [road] *противоослепляющий щит*
glassed *отполированный (до зеркального блеска)*
glass fibre filter *стекловолоконный фильтр*
glass fibre laminate *стеклотекстолит*
glass fibre mat *стеклоткань*
glass-fibre reinforced plastic *стеклопластик*
glide ratio [auto] *относительная дальность планирования*
globe joint *сферическое сочленение, шаровой шарнир*
globe valve *шаровой клапан (вентиль)*
glove box *перчаточный ящик (автомобиля)*
glow plug *свеча предпускового подогрева*
glue putty *герметик, клеевая замазка*
gome *нагар от смазки*
GO thread gauge *проходной резьбовой калибр*
governor carburettor *карбюратор с ограничителем частоты вращения*
governor flange *фланцевый регулятор*
governor gear *регулирующий механизм*
gradability *способность (автомобиля) преодолевать подъемы*
grade, at [road] *на одном уровне*
grader *грейдер*
grade-separated connection *горизонтальный участок (дороги), разделяющий смежные уклоны*
grade-separated intersection *дорожная развязка в двух уровнях*
grade separation [road] *пересечение в разных уровнях*
graduate (vb.) *градуировать, калибровать*
graduated *градуированный, калиброванный*
granular subbase materials *мелкий каменный материал для основания дорожного покрытия*
graphite grease *графитовая пластичная смазка*
gravel aggregate *гравийный заполнитель (бетонной смеси), скелетный материал (дорожного покрытия)*
gravel bed *гравийное основание (полотно), гравийный подстилающий слой*
gravel chippings *щебень*
gravel road *гравийная дорога*

GRE

grease   *консистентная смазка*
grease box   *колпачковая масленка*
grease cup   *колпачковая масленка*
grease gun   *шприц для пластичной смазки*
grease hole   *смазочное отверстие*
grease lubricant   *консистентная смазка, солидол*
grease lubrication   *смазывание пластичным смазочным материалом*
grease nipple   *ниппель смазочного шприца, патрубок солидолонагнетателя*
greasing   *смазка*
greasing pit   [auto] *смотровая яма*
greasy road   *грязная дорога, скользкая дорога*
green phase   [traf.] *фаза зеленого сигнала светофора*
green wave   [traf.] *зеленая волна (на маршруте следования транспорта)*
grid roller   [road] *сетчатый каток*
grinding powder   *абразивный порошок*
grinding tool   *абразивный инструмент*
gripper   *захватывающее приспособление, клещи*
gripping power   *сила сцепления*
grit   *гравий, щебень*
groove depth   *глубина протекторного рисунка (шины)*
ground braiding   [auto] *плоский плетеный провод массы*
ground clearance   [auto] *дорожный просвет, клиренс*
ground-grip (GG) tire (US)   *шина повышенной проходимости*
ground strap (US)   [auto] *плоский плетеный провод массы*
group speed   [traf.] *средняя скорость движения группы автомобилей*
grouted macadam   *гравийное покрытие, пропитанное битумом*
grouting method   [road] *метод заливки цементным раствором*
grout premixing   [road] *предварительное приготовление цементного раствора*
grub screw   *винт без головки*
guarded level crossing   *железнодорожный переезд с защитным ограждением*
guard post   *предупреждающий дорожный сигнальный знак*
gudgeon   *шарнирная цапфа*
gudgeon pin (UK)   *поршневой палец*
guide axle   *ведущая ось*
guide island   [road] *островок безопасности*
guide pin   *направляющий штифт, палец поворотной цапфы*
guide post   *рулевая колонка*
guide rod   *направляющий стержень*
guide to operations   *руководство по эксплуатации*
guss asphalt   [road] *литой асфальт*

H

hairpin bend *дорожная извилина, крутой поворот*
half-bearing *вкладыш подшипника*
half clover-leaf intersection   [road] *пересечение типа половина клеверного листа*
half diesel engine *двигатель с низкой степенью сжатия*
half dog point *короткий цилиндрический конец (установочного винта)*
half-speed shaft *распределительный вал четырехтактного двигателя*
half-time shaft *распределительный вал четырехтактного двигателя*
halide lamp *галогенная лампа*
halogen bulb *колба галогенной лампы*
halogen lamp *галогенная лампа*
hand brake [auto] *ручной тормоз; стояночный тормоз*
hand brake lever *рычаг ручного (стояночного) тормоза*
hand chisel *слесарное ручное зубило*
hand control lever *рукоятка управления*
hand grip *рукоятка, ручка*
hand jack *ручной домкрат*
handle-bar *руль велосипеда*
hand lever *рычаг управления*
hand-packed stone [road] *пакеляж*
hand-pitched stone [road] *пакеляж*
hand-pitched stone subbase [road] *пакеляж; щебеночное основание, щебеночный слой*
hand tap *ручной метчик*
hand tools *ручные инструменты*
hanger bracket *подвеска, подвесной кронштейн*
hanging bearing *висячий кронштейн подшипника*
hard covering *верхний слой дорожного покрытия*
hardening compound *отвердитель*
hard shoulder [road] *краевая полоса (обочина) с одеждой*
hard strip *внешняя полоса (дороги)*
hard surface [road] *твердое покрытие*
hardtop [auto] *твердый верх (кузова)*
hard-top (hardtop) *жесткий верх автомобиля (крыша)*
hatch *крышка люка, люк*
hatch cover *крышка люка*
hatched area [road] *огороженный участок*
hatchway cover *крышка люка*
haul *буксировка, транспортировка*
haulage *буксировка, транспортировка*
haulage line *тяговый трос (канат)*
haulier *автотранспортная организация, перевозчик*

hauling транспортировка
hauling winch лебедка
haunch [road] обочина
have a puncture (vb.) [auto] иметь пробой
hawser буксирный трос
HD-oil (heavy-duty oil) смазочное масло для работы в тяжелых условиях
HDPE (high-density polyethylene) полиэтилен высокой плотности
head adjustment регулировка положения головки
head bearing коренной подшипник
head clogging засорение головки
headlamp фара (автомобиля)
headless screw винт без головки, потайной винт
headless set screw установочный винт с плоским концом и шестигранным углублением под ключ, установочный винт с плоским концом и шлицем под отвертку
headlight [auto] фара (автомобиля)
headlight housing корпус фары
headlight lens рассеиватель фары
headlights лампочки подсветки (приборной доски)
head lining [auto] крепление штрека
head-on collision лобовое столкновение, столкновение встречных автомобилей
headrest [auto] подголовник кресла
head-restraint [auto] подголовник кресла
headroom габаритная высота, холостой ход
head tube [cycle] передняя рама
headway control [traf.] регулирование интервалов между автомобилями в транспортном потоке
headwork [motor] головное сооружение
heater plug [motor] запальная свеча; пусковая свеча; [motor] свеча зажигания
heating cartridge плавкая предохранительная вставка
heating element термопара, термоэлемент
heating inset плавкая предохранительная вставка
heating of a bearing нагревание подшипника
heating services система отопления
heating system система отопления
heat regulator терморегулятор, термостат
heat shield жаростойкий щиток
heavily trafficked [road] с интенсивным движением
heavy (heavyweight) большегруз
heavy-bodied oil высоковязкое масло, тяжелое масло
heavy-duty oil смазочное масло для работы в тяжелых условиях
heavy-duty vehicle автомобиль большой грузоподъемности

heavy fuel oil мазут, тяжелое дизельное топливо
heavy goods vehicle traffic (HGV traffic) интенсивное движение грузового транспорта
heavy lorry (heavy truck, heavy motor truck) большегрузное транспортное средство (грузовик, трейлер)
heavy oil мазут, тяжелое дизельное топливо
heavy series screw винт для гаечного ключа с широким зевом
heavy traffic интенсивное дорожное движение, интенсивный транспортный поток
heavy traffic lane [road] ряд с интенсивным движением
heavy vehicle автомобиль большой грузоподъемности
heavyweight motorcycle with watercooled engine тяжелый мотоцикл с водяным охлаждением двигателя
height of stroke [motor] длина хода поршня
helical bevel gear косозубая коническая зубчатая передача, косозубое коническое зубчатое колесо
helical gear косозубая цилиндрическая зубчатая передача, косозубое цилиндрическое зубчатое колесо
helical gearing косозубое зубчатое зацепление
helical toothing винтовое зубчатое зацепление
helical wheel винтовое зубчатое колесо, косозубое колесо
helicoid(al) винтообразный
herringbone gear шевронная зубчатая передача, шевронное зубчатое колесо
herringbone gearing шевронное зубчатое зацепление
hexagon bar пруток шестиугольного сечения
hexagon bolt болт с шестигранной головкой
hexagon bolt with hexagon nut болт с шестигранной головкой и шестигранной гайкой
hexagon bolt with large head болт с большой шестигранной головкой и шестигранной гайкой
hexagon castle nut шестигранная корончатая гайка
hexagon die nut шестигранная калибровочная плашка
hexagon fit bolt болт под развертку с шестигранной головкой, конусный болт, призонный болт
hexagon head шестигранная головка
hexagon-headed bolt болт с шестигранной головкой
hexagon-headed screw винт с шестигранной головкой
hexagon head screw винт с шестигранной головкой
hexagon head screw plug резьбовая пробка с шестигранной головкой
hexagon head with collar шестигранная головка с кольцевым выступом
hexagon head with flange шестигранная головка с фланцем
hexagon head with washer face шестигранная головка с фаской для шайбы
hexagon head wood screw шуруп с шестигранной головкой

HEX

hexagon low castle nut *низкая шестигранная корончатая гайка*
hexagon nut *шестигранная гайка*
hexagon slotted nut *шестигранная корончатая (прорезная) гайка*
hexagon socket *гнездо для шестигранной головки*
hexagon socket head cap screw *винт с шестигранным отверстием в головке*
hexagon socket screw *винт с шестигранным отверстием в головке*
hexagon socket wrench *шестигранный торцовый ключ*
hexagon thin nut *низкая шестигранная гайка*
hex nut *шестигранная гайка*
HGV traffic (heavy goods vehicle traffic) *интенсивное движение грузового транспорта*
hidraulic shock absorber *гидравлический амортизатор*
high beam [auto] *дальний свет (фары)*
high-compression engine *двигатель с высокой степенью сжатия*
high-delivery tipping trailer *прицеп-самосвал большой грузоподъемности*
high energy ignition *зажигание искрой высокого напряжения, зажигание от магнето высокого напряжения*
high-level tipping trailer *прицеп-самосвал большой грузоподъемности*
high-lift order-picker truck *автопогрузчик с подъемником-загрузчиком*
high-lift truck *автопогрузчик*
high-octane gasoline (US) *высокооктановый бензин*
high-octane petrol (UK) *высокооктановый бензин*
high-octane rating *высокое октановое число*
high-speed long-distance transport *высокоскоростное транспортное средство большой дальности*
high-speed traffic *скоростное движение*
high-velocity tyre [auto] *шина для скоростных автомобилей*
high-voltage circuit breaker *высоковольтный прерыватель (выключатель)*
highway *автомобильная дорога, магистраль, шоссе*
highway area *поверхность дороги, поверхность земляного полотна (дороги)*
highway bridge *автодорожный мост*
highway design *проектирование дорог*
highway engineer *инженер-дорожник*
highway engineering *дорожное строительство, проектирование автодорог, строительство автодорог*
highway salt *дорожная противообледенительная соль*
highway striping *разметка дороги*

hind axle *задний мост, задняя ось*
hinge *петля, шарнир*
hinge at the support *опорный шарнир*
hinge axis *ось шарнира*
hinge bolt *шарнирный болт*
hinge flange *шарнирный фланец*
hinge joint *шарнирное соединение, шарнирный узел*
hinge spring *шарнирно закрепленная рессора*
hitch pin *палец сцепного устройства, стержень сцепного устройства*
hoist *лебедка, подъемник*
hold-down screw *прижимной винт*
hollow axle *полая ось*
home-to-work transport *транспорт для поездок из дома на работу*
honeycomb radiator [auto] *сотовый радиатор*
honing stone *абразивный хонинговальный брусок*
hood *капот, капот двигателя, кожух, колпак, крышка, чехол*
Hooke's coupling *кардан, универсальный шарнир, шарнир Гука*
Hooke's joint *кардан, универсальный шарнир, шарнир Гука*
hook-on type fork arm [truck] *вильчатый крюк*
hook screw *болт с Г-образной головкой*
hook spanner *ключ для круглых гаек*
hook switch *рычажный переключатель*
hook wrench *крючковый гаечный ключ*
hoop ring *запрессованное кольцо*
hooter (UK) [auto] *гудок, сирена*
horizontal engine *двигатель с горизонтально расположенными цилиндрами*
horizontal sand drain [road] *горизонтальная песчаная дрена*
horn *звуковой сигнал*
horn button [auto] *кнопка звукового сигнала*
hot mix [road] *горячая асфальтобетонная смесь*
hot-mix gravel [road] *гравийный заполнитель асфальтобетонной смеси*
hot-rolled asphalt *асфальтобетон, уложенный в горячем состоянии*
hot spot [auto] *участок перегрева*
hot start *запуск двигателя из горячего состояния*
hot-vulcanization *горячая вулканизация*
hourly traffic *грузооборот в час, интенсивность движения (транспорта) в час*
hourly traffic flow *расписание движения транспорта*
housing *гнездо, картер, кожух, корпус, оболочка, разъем*
hub cap [auto] *колпак ступицы (колеса)*
hub length *длина ступицы*
hump [road] *подъем*

HYB

hybrid vehicle *гибридное транспортное средство, транспортное средство с комбинированной силовой установкой*
hydraulic brake *гидравлический тормоз*
hydraulic cylinder *гидравлический цилиндр, гидроцилиндр*
hydraulic jack *гидравлический домкрат, гидроцилиндр*
hydraulic shock absorber *гидравлический амортизатор, гидравлический гаситель колебаний*
hydraulic transmission system *гидравлическая передача, гидравлическая трансмиссия*
hydrometer [auto] *ареометр*
hypoid gear [gear] *гипоидная зубчатая передача, гипоидное зубчатое колесо*
hypoid wheel [gear] *гипоидное зубчатое колесо*

I

IC-engine (internal combustion engine) *двигатель внутреннего сгорания*
ID (inside diameter) *внутренний диаметр*
idle jet [motor] *жиклер холостого хода*
idle mixture adjustment screw *винт регулировки рабочей смеси на холостом ходу*
idler *успокоитель (цепи)*
idler arm *маятниковый рычаг рулевого привода, рычаг поворотной цапфы*
idle running *холостой ход*
idle speed adjuster [motor] *регулятор скорости холостого хода*
idle state *режим холостого хода*
idling [motor] *холостой ход*
idling air jet (idle air jet) *воздушный жиклер холостого хода*
idling jet [motor] *жиклер холостого хода*
idling speed [motor] *частота вращения на холостом ходу*
ignition advance *опережение зажигания*
ignition cable set *комплект провода зажигания*
ignition coil *катушка зажигания*
ignition control *регулировка зажигания*
ignition device [motor] *запальное устройство*
ignition distributor [motor] *распределитель зажигания*
ignition key *ключ замка зажигания*
ignition setting [auto] *установка зажигания*
ignition spark *искра зажигания*
ignition switch [auto] *выключатель зажигания*
ignition system [auto] *система зажигания*
ignition timing [auto] *установка опережения зажигания*
ignition waterproofing aerosol *дегидрирующий аэрозоль для защиты системы зажигания от влаги, облегчения зажигания и запуска*
illuminated bollard *освещенная дорожная тумба*
illuminated button *кнопка с подсветкой*
imitation leather *искусственная кожа*
impact spanner *гаечный ключ ударного действия*
impact wrench *гаечный ключ ударного действия*
impeller *колесо с лопатками, крыльчатка, лопасть крыльчатки*
in bad repair *в плохом состоянии*
inbound traffic [traf.] *прибывающий транспорт; прибывающий транспортный поток*
inch thread *дюймовая резьба*
incident *аварийная ситуация, непредвиденный отказ*
increased shank [skrew] *удлиненный хвостовик*
independent arm *рычаг независимой подвески*
independent pump system *автономная насосная система*

IND

independent shoe　*плавающая тормозная колодка*
independent suspension　[auto] *независимая подвеска*
independent traffic signalization　[traf.] *независимая система дорожной сигнализации*
independent wheel suspension　[auto] *независимая подвеска колеса*
indicator (indicator light　*индикатор (индикационная лампочка)*
indirect route　[traf.] *объезд*
individual junction control　[traf.] *автономное регулирование движения на перекрестке*
individual suspension　[auto] *независимая подвеска*
induction motor　*асинхронный электродвигатель*
induction pipe　[auto] *впускной патрубок*
induction stroke　[motor] *такт впуска, ход впуска*
industrial castor　[truck] *поворотное колесо*
inertia-controlled shock absorber　*амортизатор, оснащенный инерционным клапаном*
inflatable cushion　*воздушная подушка*
inflatable occupant restraint system　*надувная система защиты в автомобиле*
inflatable side panel　[auto] *надувное крыло автомобиля*
inflation pressure　*давление накачивания*
inflator　*нагнетательный насос, насос для накачивания шин*
informative sign　*указатель, указательный дорожный знак*
infraction of regulation　*нарушение правила*
in good repair　*в хорошем состоянии*
injection advance　*опережение впрыска (топлива)*
injection cylinder　*инжекторный цилиндр*
injection engine　*двигатель с вспрыском топлива*
injection nozzle　*впрыскивающее сопло, распылительная форсунка, топливный жиклер*
injection pressure　[auto] *давление впрыска*
injection pump　*впрыскивающий насос, топливный насос*
injection system　*система впрыска*
injection timer　[motor] *регулятор впрыска топлива*
injection timer unit　*устройство регулятора впрыска топлива*
injection timing mechanism　[motor] *регулятор впрыска топлива*
injector　*инжектор, струйный насос, форсунка*
injector needle　*игла инжектора*
inlet flange　*впускной фланец*
inlet manifold　*впускной коллектор;* [motor] *впускной коллектор*
inlet port　*входное отверстие*
inlet spigot　*входной патрубок*
inlet valve　*впускной клапан*
inlet valve needle　[motor] *игла впускного клапана*

inline engine однорядный двигатель
inner bearing race внутреннее кольцо подшипника
inner city центральная часть города
inner dead centre [motor] нижняя мертвая точка
inner tube камера шины
inner tube valve вентиль камеры шины
inner tube vulcanizer вулканизатор камер
insert nut гайка с кольцевой вставкой
inside bearing внутренний подшипник
inside diameter внутренний диаметр
inside dimension внутренний размер
inside micrometer микрометр для определения внутренних размеров
inside thread внутренняя резьба
instrument board [auto] приборный щиток
instrument panel [auto] приборный щиток
insulated lorry грузовой автомобиль с изотермическим кузовом
insulated trailer прицеп с изотермическим кузовом
insulating course изоляционный слой
insulating covering изоляционное покрытие
insulating layer слой изоляции
insulating mat изолирующий коврик
insulating sheath изоляционное покрытие
insulating tape изоляционная лента
insulating tongs монтерские пассатижи
insulation изоляционный материал
insulation board термоизоляционная плита
insulation course изоляционный слой
intake air [motor] всасываемый воздух
intake manifold [motor] впускной коллектор
intake pipe всасывающий патрубок, всасывающий трубопровод
intake pressure [motor] давление всасывания, давление на впуске
intake stroke [auto] такт впуска, ход впуска
intake volume объем засосанного газа
integral body frame [auto] несущий кузов
integrating device [tech.] интегрирующее устройство
interchange транспортная развязка
intercity traffic [traf.] междугородное сообщение
intercity transport [traf.] междугородные перевозки
interference suppression ignition cable провод зажигания с подавителем помех
intergreen [traf.] интервал между зелеными сигналами светофора
interior flange внутренний фланец
interior light [auto] освещение кабины
interlocking device блокировочное устройство
intermediate bearing промежуточный подшипник

INT

intermediate ring   *прокладочное кольцо*
intermittent warning light   *мигающий световой сигнал*
internal combustion engine (IC-engine)   *двигатель внутреннего сгорания*
internal expanding brake   *тормоз с разжимными колодками внутри тормозного барабана*
internal tab washer   *стопорная шайба с внутренней фиксацией*
internal thread   *внутренняя резьба*
internal traffic   *местное сообщение, пригородное сообщение*
internal transport   *внутренний транспорт*
international system of units (SI)   *международная система единиц*
international thread   *нормальная метрическая резьба*
intersection layout   [road] *планировка перекрестка*
interweaving   [traf.] *переплетение*
interweaving lane   [road] *полоса дороги для разгона*
inverted valve   [motor] *обратный клапан*
IRHD (international rubber hardness degree)   *степень твердости резины по международной шкале*
iron band   *стальная лента*
iron bar   *стальной пруток*
iron plate   *толстый стальной лист*
iron rod   *стальной пруток*
iron sheet   *тонкий стальной лист*
iron stain   *пятно ржавчины*
iron strap   *стальная лента*
iron wire   *стальная проволока, стальной провод*
island   [road] *островок безопасности*
ISO freight container   *грузовой контейнер, соответствующий требованиям Международной организации по стандартизации*

J

j (jack) гнездо
j (joint) соединение
J (joule) джоуль
jack домкрат
jack connection зажимное соединение
jacket cooling охлаждение водяной рубашкой
jack handle рукоятка домкрата
jackplug контактный штеккер
jack screw винтовой домкрат
jack up (vb.) поднимать домкратом
jag зубец, прорезь
jag (vb.) зазубривать, насекать, расчеканивать
jam заклинивание
jam (vb.) зажимать
jamming транспортный затор
jam nut контргайка
japanning лакировка
jar дрожание, толчок
jar (vb.) вибрировать
jaw колодка (тормоза)
jaw clutch кулачковая муфта
jaw-type overload-release clutch кулачковая предохранительная муфта
jeep [auto] джип; легковой автомобиль высокой проходимости
jerk рывок
jerk (vb.) толкать
jerking подергивание
jerrycan металлическая канистра
jet жиклер, патрубок, сопло, форсунка
jet carburettor жиклерный карбюратор
jet chamber камера распыления
jet fan ventilator крыльчатый вентилятор с постоянным притоком воздуха
jet filter струйный фильтр
jet nozzle жиклер, форсунка
jet pipe инжекционная трубка
jetting нагнетание
jig зажимное приспособление
jitter вибрация, дрожание, неустойчивая синхронизация
job shop (US) ремонтная мастерская
jockey парковщик
jockey pulley направляющий шкив
jockey roller направляющий ролик
jockey wheel направляющий шкив
jog (US) (vb.) неровность

JOI

join (vb.) *наращивать*
join end-to-end (vb.) *соединять впритык*
joiner's cramp *струбцина*
joining *сборка*
joining a traffic stream *вхождение в транспортный поток*
joining flange *соединительный фланец*
joining piece *соединительная деталь*
joining pipe *штуцер*
joint *соединение, шов*
joint (adj.) *комбинированный*
joint bolt *соединительный (стягивающий) болт*
joint disc *уплотнительное кольцо*
joint filler *герметизирующая паста, герметик*
joint filling material *герметизирующая паста*
joint flange *соединительный фланец, фланец полумуфты*
joint paste *уплотнительная замазка*
joint sawing *нарезка швов (в дорожном покрытии)*
joint sealant *герметизирующая паста*
joint sealer *герметизирующая паста, герметик*
joint sealing compound *герметизирующая паста*
joint sealing insert *герметизирующая прокладка*
joint sealing strip *герметизирующая прокладка*
jolt *удар*
jouncing *раскачивание транспортного средства с целью проверки технического состояния узлов*
journal *цапфа, шейка*
journal bearing *опорный подшипник*
journey *поездка*
journey time *продолжительность рейса*
judder *глухой шум, толчкообразное движение автомобиля при включении сцепления*
judgement *оценка, экспертиза*
jump start *запуск двигателя от постороннего источника*
junction [road] *транспортная развязка*
junction curve [road] *переходная (соединительная) кривая*
junction lay-out [road] *схема транспортной развязки*
junction of highway and motorway *развязка автомагистралей*
junction point *транспортный узел*
juncture *соединение*
junk automobile *автомобиль, предназначенный к разделке на скрап*
justification *регулировка, юстировка*

K

k (kilo) *к (кило)*
K.D. (knock down) *разбирать (механизм)*
keep in repair (vb.) *содержать в исправном состоянии*
kentledge *противовес*
kerb *бордюр*
kerb(stone) (UK) *бордюрный камень, край тротуара*
kerb (UK) *бордюрный камень*
kerbing rib (UK) *кольцевое ребро в плечевой зоне шины (для защиты от повреждений)*
kerb-side parking (UK) *стоянка у бордюрного камня*
kerbstone (UK) *бордюрный камень*
kerosene *керосин*
kerosine engine (US) *керосиновый двигатель*
key *(гаечный) ключ, ключ, кнопка, переключатель, шпонка*
key (vb.) *заклинивать, коммутировать, переключать*
key barrel *ключ-жезл*
key bolt *шплинт, шпонка*
key button *кнопка переключателя*
key click *щелчок переключателя*
key diagram *схема расположения клавиш, схема электрических соединений*
key for hexagon socket screws *ключ для винтов с шестигранным отверстием в головке*
key for screws with internal serrations *ключ для винтов с внутренними шлицами*
key for socket screws *ключ для винтов с граненым отверстием в головке*
key groove *шпоночный паз*
keyhole plate *накладка дверного замка*
key pipe *лампа с ключевым цоколем*
key plate *накладка дверного замка*
key shank *ключ-жезл, лампа с ключевым цоколем*
keystone *поршень с клиновидными кольцами*
keyway *шпоночный паз*
kg (kilogram(me)) *кг (килограмм)*
kicking plate *пластинка, защищающая дверную обвязку от загрязнения*
kickstand *выдвижная опорная подставка мотоцикла*
kickstarter [motorcyc.] *ножной (педальный) стартер*
kill button *кнопка (клавиша) выключения*
kilo- (k) *кило-(K)*
kilogram(me) (kg) *килограмм (кг)*
kilometer (km) (US) *километр (км)*
kilometre (km) (UK) *километр (км)*
king bolt [auto] *стержневой болт, центральный шкворень*

KIN

king pin *палец с шаровым наконечником;* [auto] *поворотный шкворень*
king pin angle [auto] *угол установки поворотного шкворня*
king pin inclination [auto] *угол наклона поворотного шкворня*
king pivot *вращающаяся цапфа*
kink (vb.) *перекручивать(ся)*
kit *набор (деталей, инструментов)*
kitbag *инструментальная сумка*
km (kilometre) *км (километр)*
knee bolt *коленчатый болт*
knee pad *защитный наколенник*
knife sharpener *точило*
knifing filler *шпаклевка*
knob *ручка управления*
knock (vb.) *ударять(ся)*
knock(ing) [motor, auto] *детонация, стук (двигателя)*
knock down (vb.) *разбирать конструкцию*
knocking *детонация*
knock rating [motor] *детонационная характеристика*
knuckle *кулак, цапфа, шарнир*
knuckle joint *шарнир, шарнирное соединение*
knuckle pin [auto] *ось шарнирного соединения, палец шарнира*
knuckle thread *круглая резьба*
knuckle-threaded *с круглой резьбой*
knurled *гофрированный*
knurled nut *гайка с накаткой*
knurled screw *винт с накатанной головкой*
knurling *насечка*

L

l (length) *дл. (длина)*
l (litre) *л (литр)*
lacing bar *диагональная стойка (опора, кронштейн)*
lack *недостаток*
lack of perpendicularity *отклонение от вертикальной оси*
ladder rack *зубчатая рейка*
ladder truck *пожарная машина с лестницей*
lag *запаздывание*
lagging *изоляция*
lambda probe [auto] *кислородный датчик*
laminated glass *безосколочное стекло, многослойное стекло, триплекс*
laminated safety glass *многослойное (безопасное) стекло, многослойное защитное стекло, многослойное стекло*
lamp *лампа, прожектор, светильник, фара, фонарь*
lamp black *ламповая сажа*
lamp bracket [cycle] *кронштейн фары*
lamp oil *керосин*
lamp pole *фонарный столб*
lamp post *столб освещения, фонарный столб*
land cable *наземный кабель*
land conveyance *сухопутные транспортные средства*
land grader and leveller *(авто)грейдер, дорожный струг*
landing stage *пристань*
land leveller *(авто)грейдер, дорожный струг*
landslide *оползень*
landslip *оползень*
land tie *анкер, анкерная тяга*
lane [road] *полоса движения; проезд, ряд*
lane-control signal *дорожный сигнал*
lane line [road] *разделительная полоса*
lap *сгиб*
lap (vb.) *сгибать*
lap belt [auto] *поясной ремень безопасности*
lap-ended piston ring *поршневое кольцо с косым замком, поршневое кольцо с перекрывающимися концами*
lap-joint piston ring *поршневое кольцо с косым замком, поршневое кольцо с перекрывающимся замком*
large-scale accident *катастрофа, крупная авария*
large sett paving *брусчатое покрытие*
large tractor *мощный трактор, тяжелый трактор*
lash adjuster *регулятор зазора (клапанов)*
latch *защелка, фиксатор*
latching mechanism *фиксирующее устройство*
late ignition [motor] *позднее зажигание*

LAT

lateral movement *скольжение*
lateral play *боковой люфт, поперечный люфт*
lateral pull *поперечная тяга*
lateral rear mirror [auto] *боковое зеркало заднего вида*
lateral rigidity *поперечная жесткость*
latten *латунь*
launch *старт*
lay-by [road] *площадка отдыха*
layer of broken stones [road] *щебеночный слой*
layer of gravel *гравийный слой*
layer of ice *ледяная корка*
layout [road] *дорожная схема; разметка*
layshaft *промежуточный вал (коробки передач)*
lay time *время запаздывания*
lb (pound) *фунт (453,6 г)*
l.d.c. *НМТ (нижняя мертвая точка)*
LDC (lower dead centre) [motor] *НМТ (нижняя мертвая точка)*
lead accumulator *свинцовый аккумулятор*
lead-acid battery *батарея свинцово-кислотных аккумуляторов, батарея свинцовых аккумуляторов, свинцово-кислотный аккумулятор*
lead angle *угол подъема (резьбы)*
leaded gasoline (US) *этилированный бензин*
leaded petrol (UK) *этилированный бензин*
leaden seal *свинцовая пломба*
leaden shim *свинцовая прокладка, свинцовая шайба*
leader *провод, проводник*
leader pin *направляющий штифт (палец, штырь), палец (шкворень) поворотной цапфы*
lead fuse *свинцовый (плавкий) предохранитель*
leading (adj.) *ведущий, направляющий*
leading brake shoe *ведущая тормозная колодка, первичная тормозная колодка, самотормозящая тормозная колодка*
leading-in socket *колодка подключения*
leading-in tube *впускная труба*
leading shoe *первичная тормозная колодка*
leading wheel *ведущее колесо, приводное колесо*
lead of slide valve *предваряющая (впуск или выпуск) часть золотника*
lead screw *винт подачи, ходовой винт*
lead seal *свинцовая пломба*
lead sealing *свинцовая пломба*
lead shim *свинцовая прокладка, свинцовая шайба*
lead sleeve *свинцовая втулка, свинцовая муфта*
lead storage battery *свинцовая аккумуляторная батарея*
lead-through *проходная втулка*

leaf valve *обратный (створчатый) клапан*
leak *просачивание, рассеивание, течь*
leaking (adj.) *негерметичный, неплотный*
leaking joint *неплотное (негерметичное) соединение*
leak out (vb.) *протекать*
leakproof *герметичный*
leakproofing material *герметизирующий материал, герметик, уплотнительный материал*
leak test *испытание на герметичность (непроницаемость)*
leaky (adj.) *негерметичный, неплотный*
lean *наклон*
lean-burn engine *двигатель для обеднённой топливной смеси*
lean mix [motor] *бедная смесь*
lean mixture *бедная смесь*
leather *кожа*
leather cloth *имитация кожи*
leatherette *искусственная кожа*
leatherlike *кожеобразный, похожий на кожу*
leather varnish *лак для кожи*
leather washer *кожаная шайба*
lees *отстой*
left *левосторонний*
left flank [gear] *левая боковая поверхность зуба шестерни*
left-hand *с левой резьбой, с левым ходом*
left-hand drive *левостороннее управление (автомобилем)*
left hand drive (LHD) *(автомобиль) с левосторонним управлением*
left-handed *левый, с левой резьбой*
left-handed rotation *вращение против часовой стрелки*
left-handed thread *левая резьба*
left-hand helix spiral teeth *левые косые зубья (шестерни)*
left-hand motion *левое движение*
left-hand rotation *вращение против часовой стрелки, левое вращение*
left-hand screw *винт с левой резьбой*
left-hand screwing die *плашка для нарезания левой резьбы*
left-hand side [road] *левая сторона*
left-hand thread *левая резьба*
left-hand turn [road] *левый поворот*
left turn [road] *левый поворот*
left-turning traffic *левостороннее движение транспорта*
left-turn lane [road] *полоса движения (ряд) с левым виражом*
leg *участок (дороги)*
leisure *отдых*
leisure and recreational facility *место отдыха и развлечений*
leisure area *зона отдыха, место отдыха*

LEN

length *расстояние*
length (l) *длина*
length of action *длина поверхности зацепления (зубчатой передачи)*
length of approach (US) [gear] *длина дополюсной части активной линии зацепления*
length of approach path [gear] *длина дополюсной части активной линии зацепления*
length of brake path [auto] *длина тормозного пути; тормозной путь*
length of path *протяженность трассы*
length of stroke [motor] *длина хода (поршня), ход (поршня)*
length of thread *длина резьбы*
length over all (LOA) *общая длина*
lens [auto] *рассеиватель (фары или фонаря)*
less *менее, меньше*
less polluting technology *малозагрязняющая технология*
let down (vb.) *опускать*
let go (vb.) *освобождать*
lethal (adj.) *летальный, смертельный*
let in (vb.) *впускать*
let off steam (vb.) *выпускать пар*
level crossing *(железнодорожный) переезд, перекресток, пересечение дорог (транспортная развязка) в одном уровне, переход с уровня на уровень*
level crossing gate *шлагбаум железнодорожного переезда*
level indicator *указатель (индикатор) уровня, уровнемер*
leveling (US) *рихтовка, сглаживание*
leveller [road] *планировщик*
levelling screw *установочный (регулировочный, юстировочный) винт*
level meter *указатель (индикатор) уровня, уровнемер*
level monitoring *контроль уровня*
level of pollution *уровень загрязнения*
level regulator *регулятор уровня*
level sensor *датчик уровня*
level shock absorber *гидравлический амортизатор рычажного действия*
level transmitter *датчик уровня*
lever *балансир, рукоятка, рычаг, тяга*
lever arm *плечо рычага*
lever brake [auto] *ручной (рычажный) тормоз*
lever jack *рычажный домкрат с зубчатой рейкой*
lever key *тумблер*
lever latch *защелка (собачка) замка*
lever lock *рычажная пробка*
lever-press *рычажный пресс*

lever switch *рычажный переключатель*
lever transmission system *система рычажных передач*
liaison *транспортное соединение (в открытых системах)*
license (US) *удостоверение водителя автомобиля*
licensed party *лицо, имеющее лицензию (разрешение)*
license plate *номерной знак (автомобиля)*
license plate lamp *фонарь освещения номерного знака (автомобиля)*
licensor *лицо, выдающее лицензию (разрешение)*
lid *колпак, крышка*
life *ресурс, срок службы*
life belt *предохранительный пояс*
life cycle *срок службы*
life expectancy *ожидаемый срок службы*
life-saving service *спасательная служба*
lifetime *долговечность, срок службы*
life utility *ресурс, эксплуатационная долговечность*
lift *подъемник*
lift (vb.) *поднимать*
lift and force pump *всасывающий нагнетательный насос, насос двукратного действия*
lift bridge *подъемный мост*
lifter roller *передаточный валик*
lifting *подъем*
lifting and forcing pump *всасывающий нагнетательный насос, насос двукратного действия*
lifting apparatus *подъемный механизм*
lifting bridge *подъемный мост*
lifting capacity *грузоподъемность*
lifting cog *подъемный выступ, подъемный кулак*
lifting eye bolt *рым-болт*
lifting eye nut *рым*
lifting gear *подъемная машина, подъемное оборудование, подъемное устройство, подъемный механизм*
lifting height *высота подъема*
lifting jack *рычажный домкрат с зубчатой рейкой*
lifting nut *соединительная муфта*
lifting power *грузоподъемность*
lifting screw *винтовой домкрат, рым-болт*
lifting truck *автопогрузчик*
lift mast *грузоподъемник*
lift pump *высасывающий насос*
lift truck *автовышка, автопогрузчик, тележка с грузоподъемным устройством*
lift type check valve *обратный клапан с толкателем*
lift-up lid *откидная крышка*
light *лампа, освещение, свет*

LIG

light (vb.) *освещать, светить*
light (adj.) *легкий, облегченный, слабый*
light (up) (vb.) *загораться, зажигать(ся), светиться*
light alloy *легкий сплав*
light alloy wheel *колесный диск, изготовленный из легкого сплава*
light beam *луч света, световой пучок*
light bulb *электролампа*
lighter *прикуриватель*
lighting column *фонарный столб*
lighting mast *фонарный столб*
lighting on roads *дорожное освещение*
lighting pole *фонарный столб*
lighting pylon *фонарный столб*
lighting-up time *время включения освещения*
light marking an obstruction *световой сигнал обозначения дорожного препятствия*
light mast *фонарный столб*
light metal *легкий металл*
light metal alloy *легкий сплав*
lightning rod *молниеотвод*
lightning stroke *удар молнии*
light oil *маловязкое масло, светлый нефтепродукт (бензин, керосин, осветительные масла, растворители)*
light petrol *высокосортный (легкий) бензин*
light pointer *световой указатель*
light standard *фонарный столб*
light table *световое табло*
lightweight piston *поршень из легкого сплава*
limit *допуск*
limitation *ограничение, предел*
limited access road *автодорога с ограниченным движением (числом въездов)*
limited sleep axle *главный мост с самоблокирующимся дифференциалом*
limited-slip differential [auto] *дифференциал с повышенным внутренним трением*
limited stop bus *автобус-экспресс*
limited velocity *ограниченная скорость*
limit frequency *предельная частота*
limit moment *предельный момент*
limit stop *стопор, упор*
limit value *предельная величина*
linchpin *чека (колеса), шплинт*
line [road] *разделительная линия; трос, шина, шнур*
line a bearing (vb.) *центрировать (выставлять) вкладыш подшипника, центрировать подшипник*

line adapter линейный адаптер
linear actuator задатчик линейного перемещения
linear spring пружина с линейной характеристикой, пружина с пропорциональной характеристикой
linear strain линейная деформация
linear velocity линейная скорость
line assembly конвейерная сборка
line assembly work конвейерное (сборочное) производство
line noise линейный шум
line of contact [gear] линия зацепления, линия контакта
line production серийное производство
liner вкладыш, втулка, облицовка, подкладка, прокладка
line shaft вал (карданной) передачи, трансмиссионный вал
line speed линейная скорость
line voltage линейное напряжение, напряжение в сети
lining облицовка, обшивка
lining of a bearing заливка (вкладыша) подшипника
lining of a brake фрикционная тормозная накладка
link звено, передаточный рычаг
link (vb.) соединять, сцеплять
linkage сцепление
link chain плоскозвенная цепь, шарнирная цепь
link coupling шарнирная муфта
link disconnection разрыв соединения
linked lights система светофоров зеленая волна
linked traffic signal control (автоматизированная) система управления светофорами
link grate цепной грохот
link mechanism рычажный механизм, шарнирный механизм
link pin ось тяги
link plate накладка звена шарнирной цепи, плоское соединительное звено
link rod [auto] прицепной шатун, продольная рулевая тяга, соединительная тяга
liquefaction конденсация
liquid brake гидравлический тормоз
liquid coolant охлаждающая жидкость
liquid-cooled охлаждаемый жидкостью
liquid cooler жидкостный радиатор
liquid indicator указатель уровня, уровнемер
liquid jet pump струйный насос
liquid level уровень жидкости
liquid level indicator указатель уровня жидкости
liquid level manometer V-образный манометр, жидкостный манометр
liquid level switch реле уровня жидкости
liquid lubricant жидкая смазка

liquid pump   *гидравлический насос*
liquid receiver   *накопитель жидкости*
liquid recirculation   *рециркуляция жидкости*
liquid refrigerating agent   *охлаждающая жидкость*
liquid ring pump   *насос с гидравлическим поршнем*
liquid ring vacuum pump   *вакуумный насос с гидравлическим поршнем*
liquid spray diffuser   *диффузор, жиклер, распылитель*
liquid stage meter   *измеритель уровня жидкости*
liquid thermostat   *жидкостный термостат*
liquor   *жидкость*
list   *бордюр, перечень, смета, список*
list (vb.)   *составлять список*
list price   *объявленная цена, цена по каталогу*
liter (US)   *литр*
litre (UK)   *литр*
little   *малогабаритный, небольшой, незначительный, слабый*
littoral zone   *береговая зона*
live electrical equipment   *работающее электрооборудование*
live end   *ведущий фланец (торец)*
live load   *временная (полезная) нагрузка*
live part   *движущаяся часть*
livid   *синевато-багровый, синевато-серый*
load   *груз*
load (vb.)   *загружать*
load allocation   *распределение нагрузки*
load axle   *нагруженная ось*
load-bearing capacity   *грузоподъемность, несущая способность*
load-bearing element   *несущая конструкция*
load-bearing framework   *несущий каркас*
load-carrying capacity   *грузоподъемность*
load-dependent brake   [auto] *тормоз, регулируемый нагрузкой*
loader   *загрузчик*
loader-digger   *экскаватор-погрузчик*
loader-excavator   *погрузчик-экскаватор*
load factor   *коэффициент нагрузки*
load handling   *погрузо-разгрузочные работы*
load hook   *грузовой крюк*
loading crane   *перегружатель, погрузочный кран*
loading point   *точка приложения нагрузки*
loading shovel   *фронтальный одноковшовый (пневмоколесный, тракторный) погрузчик*
loading tractor   *погрузчик*
load per axle   *нагрузка на ось*
load per surface unit   *удельная нагрузка*
load per wheel   *нагрузка на колесо*
load platform   *грузовая платформа, грузовая площадка*

load-sensitive brake [auto] *тормоз, регулируемый нагрузкой*
load sharing *распределение нагрузки*
load shedding *распределение нагрузки*
load test *испытания под нагрузкой*
load transfer from an axle *передача нагрузки от оси (вала)*
load transmission *передача (распределение) нагрузки*
load variation *изменение нагрузки*
lobe *бобышка, кулачок*
local action *местная коррозия*
local corrosion *местная коррозия*
locality *населенный пункт, район, участок*
localization of faults *выявление дефектов*
localized corrosion *местная коррозия*
local public transport *местный общественный транспорт*
local railway station *станция местной железной дороги*
local road *проселочная дорога*
local traffic *местное транспортное сообщение*
locate (vb.) *устанавливать*
locating bearing *упорный подшипник*
locating face *площадь (поверхность) контакта*
locating mark *совмещающая метка, фиксирующая метка*
locating pin *установочный штифт*
locating ring *стопорное кольцо*
location *пункт, участок*
location bearing *упорный подшипник*
location deviation *отклонение при монтаже*
location plan *план местности*
lock *блокировка, замок*
lock barrel *цилиндр замка*
lock bolt *крепежный болт*
locking bar *фиксатор замка*
locking beak *направляющий шип*
locking device *устройство блокирования*
locking differential [auto] *блокирующийся дифференциал*
locking gas cab (US) [auto] *кузов с защитой от попадания паров бензина*
locking nut *стопорная гайка*
locking of brakes *блокировка тормозов*
locking of wheels *блокировка колес*
locking petrol cab (UK) [auto] *кузов с защитой от попадания паров бензина*
locking pin *стопорный штифт*
locking ring *стопорное кольцо*
locking screw *крепежный болт, стопорный винт*
locking washer *контршайба, контрящая шайба*
locking wire *пломбировочная проволока*
lock keeper *фиксатор замка*

LOC

lock nut *контргайка, стопорная гайка*
lock-out device *выключающее устройство*
lock ring *стопорное кольцо*
lock seaming *фальцевание*
locksmith *слесарь*
lockstep *жесткая конфигурация*
lockup *тупик*
lock-up *гараж*
lock washer *контргайка, контршайба, пружинное стопорное кольцо*
locomotive (adj.) *движущий(ся), самодвижущийся*
locus *местоположение*
log book [auto] *путевой лист*
long *длинномерный*
long-distance (adj.) *находящийся на значительном расстоянии*
long-distance beam [auto] *дальний свет (фар)*
long-distance bus *автобус дальнего сообщения*
long-distance goods traffic *перевозка грузов на значительное расстояние*
long-distance traffic *дальние перевозки*
long-duration test *испытания на выносливость*
long-haul goods traffic *перевозка грузов на значительное расстояние*
longitudinal axis *продольная ось*
longitudinal crack *продольная трещина*
longitudinal displacement *продольное смещение*
longitudinal girder (of underframe) [auto] *продольная балка (подрамника)*
longitudinal play *осевое биение, осевой люфт*
long-lasting *долговечный*
long-life *долговечный*
long-stroke [motor] *длинноходный*
long tab *выступ, лапка, шпонка, язычок*
long-term speed variation *плавное изменение скорости*
long-term test(ing) *долговременные (длительные) испытания*
long-time high temperature strength *прочность при длительном воздействии высокой температуры*
look-alike *имитация*
look at (vb.) *проверять, смотреть (на что-либо)*
loop *кольцевая дорога, петля, скоба, хомут*
loop road *обходной путь, объезд*
loose (vb.) *ослаблять, отпускать*
loose (adj.) *неплотно соединенный, разболтанный, свободный*
loose abrasive lapping *притирка с помощью абразива*
loose coupling *эластичная муфта*
loose cover *съемная крышка*
loose-fitting *неплотно пригнанный*

loosely woven ненатянутая ткань
looseness зазор, люфт, слабина
loosening ослабление
loose piece неплотно пригнанная деталь
loose rust отслаивающаяся ржавчина
lopsided несимметричный, перекосившийся
lorry (UK) автоцистерна, грузовик
lorry chassis (UK) шасси грузового автомобиля
lorry crane автокран
lorry driver (UK) водитель грузового автомобиля
lorry engine (UK) двигатель грузового автомобиля
lorry mounted crane автокран
lorry tyre (UK) шина грузового автомобиля
Los Angeles test [road] испытания на износ по методу Лос-Анджелеса
loss of head of filter потеря напора в фильтре
loss of power затухание по мощности
loss of voltage потеря напряжения
lost motion холостой ход
loud громкий
loudness level уровень звука
low beam (US) [auto] ближний свет
low-cost дешевый, недорогой
low current drain (adj.) экономичный
lower (vb.) понижать(ся)
lower beam (US) [auto] ближний свет (фар)
lower border нижний предел
lower coating [road] основание
lower course [road] основание
lower crankcase [motor] масляный поддон; нижняя часть картера двигателя
lower dead centre [motor] нижняя мертвая точка, НМТ
lower layer [road] основание
lower roll нижний барабан, нижний ролик
lower stratum [road] основание
lowest минимальный
low friction nut гайка с пониженным трением
low gear [auto] низшая передача
low gravity oil тяжелое масло
low idle [motor] малый холостой пробег
low idle run [motor] малый холостой пробег
low lift pump насос с низким напором
low limit минимальный размер
low-noise с низким уровнем шума
low-octane gasoline (US) низкооктановый бензин
low-octane petrol (UK) низкооктановый бензин
low-pollution engine малотоксичный двигатель

LOW

low-power engine *маломощный двигатель*
low-pressure cylinder *цилиндр низкого давления*
low-pressure piston *плунжер низкого давления*
low-pressure pump *насос низкого давления*
low-pressure safety cut-out *аварийное отклонение при падении давления*
low-pressure tyre *шина низкого давления*
low-profile tyre *низкопрофильная шина*
low-section tyre *низкопрофильная шина*
low-speed *тихоходный*
low-speed engine *тихоходный двигатель*
low speed mixture adjuster [motor] *устройство для приготовления рабочей смеси при низких оборотах*
low-speed nozzle *форсунка для малых оборотов (двигателя)*
low-viscosity *жидкий, маловязкий*
low-viscosity oil *маловязкое масло*
lube (oil) (US) *смазочное масло*
lubricant *смазочный материал*
lubricate (vb.) *смазывать*
lubricated gasoline (US) *бензин, содержащий масло*
lubricated petrol (UK) *бензин, содержащий масло*
lubricating can *ручная масленка*
lubricating directions *инструкция по смазке*
lubricating equipment *оборудование для смазки*
lubricating-feed mechanism *механизм для подачи смазки*
lubricating grease *консистентная смазка*
lubricating groove *смазочная канавка*
lubricating gun *смазочный пистолет, смазочный шприц*
lubricating mineral oil *минеральное масло*
lubricating nipple *пресс-масленка*
lubricating oil *смазочное масло*
lubricating power *маслянистость смазочного материала, смазывающая способность*
lubricating properties *смазывающие свойства*
lubricating pump *масляная помпа, масляный насос*
lubricating ring *масляное кольцо*
lubricating stuff *смазочный материал*
lubrication *смазка*
lubrication by air *воздушная смазка*
lubrication by circulation of the oil *смазка циркулирующим маслом*
lubrication hole *отверстие для смазки*
lubricator *пресс-масленка*
lubricator tap *кран в системе смазки*
lubrify (vb.) *смазывать*
luffing crane *грузоподъемный кран*
luffing jib *подъемная стрела (крана)*

LUG

lug   *бородка, выступ, зубец, проушина, утолщение, шип*
lug base tyre   [auto] *шина повышенной проходимости, шина с рельефным протектором*
luggage   *багаж*
luggage boot (UK)   [auto] *багажное отделение*
luggage carrier   [auto] *багажник, багажное отделение*
luggage compartment   *багажник;* [auto] *багажное отделение*
luggage rack   [auto] *багажник*
luggage trunk   [auto] *багажное отделение*
lumbar support   [auto] *опора для поясницы*
luminous hand   *светящаяся стрелка (прибора)*
lustre   *блеск, глянец*
lustre (vb.)   *придавать блеск*
lustreless   *матовый, тусклый*
lustrous   *блестящий*
lute   *замазка, шпаклевка*
lute (vb.)   *замазывать, шпаклевать*
luting   *замазка, шпаклевка*
luxury (adj.)   *роскошный*

M

m (metre) (UK) *м (метр)*
macadam *щебеночное дорожное покрытие*
macadamization [road] *устройство щебеночного покрытия*
macadamize (vb.) [road] *укладывать щебеночное покрытие*
macadamizing [road] *устройство щебеночного покрытия*
macadam pavement *щебеночное дорожное покрытие*
macadam road *дорога со щебеночным покрытием*
machinable *поддающийся механической обработке*
machined nut *чистая гайка*
machined surface *обработанная поверхность*
machine operated *с механическим приводом*
machinery noise *механический шум*
machine screw *мелкий крепежный винт*
machinist's hammer *слесарный молоток*
mackle (vb.) *марать, пачкать*
made *изготовленный, произведенный*
magazine *накопитель, приемник*
magnetically hard material *материал, стойкий к намагничиванию*
magnetically soft material *материал, подверженный намагничиванию*
magnetic brake *электромагнитный тормоз*
magnetic tape transport mechanism *лентопротяжный механизм*
magnetic valve *электромагнитный клапан*
magneto generator [auto] *магнитоэлектрический генератор*
magneto ignition [auto] *зажигание от магнето*
magnet switch *магнитный переключатель*
magnet valve *электромагнитный клапан*
magnitude *величина*
main *главный, основной*
main approach *главный въезд*
main artery *автомагистраль, магистральная дорога*
main beam *главная балка*
main bearing *коренной подшипник*
main brake cylinder *главный тормозной цилиндр*
main combustion chamber *основная камера сгорания*
main contact *главный контакт*
main control box *главный блок управления*
main cylinder *главный цилиндр*
main drive *главный привод*
main driving switch [auto] *замок зажигания*
main drum *главный барабан*
main entrance *главный въезд*
main frame *рама-шасси трактора*

MAI

main jet *главный жиклер*
main memory *оперативное запоминающее устройство, основное запоминающее устройство*
main pulley *ведущий шкив*
main repair shop *центральная ремонтная мастерская*
main road *автомагистраль, главная дорога*
main rod [motor] *главный шатун*
mains fuse *плавкий предохранитель сети*
main shaft *ведущий вал, главный вал*
main shop *центральная мастерская*
mains lead *силовой провод*
main spring *основная рессора*
mains receiver *радиоприемник с питанием от сети*
mains stabilizer *стабилизатор напряжения в сети*
main storage *основное запоминающее устройство*
main store *основное запоминающее устройство*
main street *главная улица*
main supplier *главный поставщик*
main switch *главный выключатель*
maintain (vb.) *обслуживать, поддерживать, ремонтировать, содержать, эксплуатировать*
maintainability *ремонтопригодность*
maintenance *текущий ремонт, техническое обслуживание*
maintenance contract *договор на техническое обслуживание*
maintenance control record *журнал проведения регламентных работ в процессе эксплуатации*
maintenance costs *стоимость технического обслуживания*
maintenance-free *необслуживаемый*
maintenance-free battery *необслуживаемая аккумуляторная батарея*
maintenance kit *комплект инструментов для технического обслуживания и текущего ремонта*
maintenance procedure *процесс технического обслуживания*
maintenance program *программа технического обслуживания*
maintenance schedule *график технического обслуживания*
main thoroughfare *автомагистраль, магистральная дорога*
main wheel *приводное колесо*
major *главный, основной*
major accident *крупная авария*
major axis *главная ось*
major characteristic *главная характеристика, основная характеристика*
major constituent *главная составляющая часть*
major diameter [screw] *наружный диаметр*
major road *автомагистраль, главная улица*
major total *итоговая сумма*
make *марка, модель*

make (vb.) *делать, изготавливать, производить*
make a connection (vb.) *скреплять, соединять*
make allowance for (vb.) *делать поправку на*
make close (vb.) *допрессовывать, уплотнять*
make fast (vb.) *закреплять*
make good (vb.) *ремонтировать*
maker *изготовитель, производитель*
making *производство*
making-good period *период ремонта*
making-good procedure *технология ремонта*
making-ready *наладка, установка*
maladjustment *неверная регулировка*
male *элемент, входящий в другую деталь*
male connector *штыревая контакт-деталь, штырь*
male end *входящий конец трубы*
male plug *штекер*
male screw *винт, наружная резьба*
male thread *наружная резьба*
malformed *деформированный*
malfunction *аварийный режим, ложное срабатывание, ошибка, сбой*
mall *большая киянка, тяжелый молот*
malleable cast iron *ковкий чугун*
malleable iron *ковкое железо*
mallet *деревянный молоток, киянка, резиновый молоток*
man *рабочий*
management *администрация, дирекция, руководство, управление*
manager *администратор, директор, заведующий, менеджер*
managing (adj.) *ведущий*
mandatory sign [road] *предписывающий знак*
mandatory stop [traf.] *обязательная остановка*
mandrel *бородок, пробойник, прошивка*
mandrel plug *бородок, пробойник*
manifold induction [auto] *впуск в коллектор*
manner of fastening *способ крепления*
manometer *манометр*
mantle *кожух, рубашка*
manual *инструкция*
manual (adj.) *с ручным управлением*
manual adjustment *ручная регулировка*
manually *вручную*
manual operation *ручная операция*
manual shut-off valve *запорный клапан с ручным приводом*
manufacturer *фирма-изготовитель*
manufacturer's certificate *сертификат фирмы-изготовителя*
manufacturer's ID symbol *фирменный знак*

MAN

manufacturer's mark *фирменный знак*
manufacturer's warranty *гарантийные обязательства производителя*
map *план местности, схема*
map holder [auto] *картодержатель*
mar (vb.) *поцарапать*
margin *обочина дороги*
marginal strip [road] *кромка проезжей части; обочина*
marginal value *предельное возможное значение, предельное значение показателя*
margin of error *предел погрешности*
mark *знак, клеймо, ориентир*
mark (vb.) *метить, обозначать*
marker *дорожный знак, дорожный указатель, предупредительный знак, этикетка, ярлык*
market value *рыночная стоимость*
mash (vb.) *протирать*
mask *шаблон*
mass *масса*
mass transit *общественный транспорт*
mast *столб*
master (adj.) *главный, основной*
master cylinder *главный цилиндр тормозной системы*
master drive bushing *главный вкладыш ротора*
mastic *вязкий клей, герметик, замазка, мастика*
materials handling *погрузочно-разгрузочные работы, подъемно-транспортные работы*
materials recovery *утилизация отходов*
materials recycling *утилизация отходов*
mating flange *контрфланец*
mating flank [gear] *сторона ножки зуба, находящаяся в зацеплении*
mating surfaces *сопряженные поверхности*
matt *тусклый*
matted *матовый*
mattress [road] *мат*
mattress of expanded metal [road] *щебеночная постель*
maul *киянка*
maximum allowable working pressure *максимально допустимое рабочее давление*
maximum capacity *максимальная мощность*
maximum hourly volume [traf.] *максимальная часовая интенсивность транспортного потока*
maximum load *пиковая нагрузка*
maximum speed *максимальная скорость*
McPherson suspension [auto] *подвеска Макферсона*
mean *средняя величина*

mean (adj.) *средний*
mean piston speed [motor] *средняя скорость поршня*
means *устройство*
means of conveyance *транспортные средства*
means of transport *транспортные средства*
mean speed *средняя скорость*
meant for *предназначенный для, приспособленный для, рассчитанный на*
mean velocity *средняя скорость*
measure *показатель*
measures of precaution *меры предосторожности*
measuring apparatus *измерительный прибор*
measuring cursor *указатель измерительного прибора*
measuring fault *погрешность измерения*
measuring probe *контактная измерительная головка*
measuring sensitivity *цена деления, чувствительность измерительного прибора*
measuring signal *измеряемый сигнал*
measuring stick *мерная рейка*
measuring transductor *датчик*
mechanic *слесарь, техник*
mechanical balance *балансировка*
mechanical blower *нагнетательный вентилятор*
mechanical fault *механическая неисправность*
mechanical injection [auto] *механический впрыск*
mechanically stabilized material [road] *материал со стабильными механическими свойствами*
mechanical press *механический пресс*
mechanical stoker *механический загрузчик топлива*
mechanical tube *полый стержень (как элемент конструкции)*
mechanical vacuum brake *механическая тормозная система с вакуумным усилителем привода*
mechanical ventilation *принудительная вентиляция*
mechanical vibration *механическая вибрация*
mechanism *прибор, устройство*
medial *средний*
median strip [road] *разделительная полоса автострады*
medical attention *медицинская помощь*
medical check-up *медицинское освидетельствование*
medical examination *медицинский осмотр*
medical first aid *первая помощь*
medium *среднее значение*
medium frequency *средняя частота*
medium pressure *промежуточное давление*
medium van *автофургон*
meeting beam (UK) [auto] *ближний свет*
meeting faces *контактирующие поверхности, сопряженные поверхности*

MEL

melt-fuse valve *предохранительный клапан с плавкой вставкой*
membrane state *положение мембраны*
membrane valve *мембранный клапан*
memorize (vb.) *запоминать, хранить*
memory *запоминающее устройство, память*
memory access control *управление доступом к памяти*
memory adapter *адаптер памяти*
memory lock *блокировка памяти*
mend *починка, ремонт*
mend (vb.) *исправлять, ремонтировать, чинить*
mending *починка, ремонт*
merge volume [traf.] *транспортный поток после соединения дорог*
merging [traf.] *соединение дорог*
merging control [traf.] *управление соединением потоков*
mesh *металлическая сетка, ячейка (сетки)*
meshing surface [gear] *поверхность зацепления*
metal [road] *дорожный щебень*
metal bar *металлический пруток*
metallic lustre *металлический блеск*
metal sheath *металлический кожух*
metal skin *металлическая обшивка*
metal tag *металлическая бирка*
metal tin *металлическая банка*
metal to metal bonding *склеивание металла с металлом*
metal trim *металлическая обшивка*
metal wire *металлическая проволока*
meter display *приборная панель*
metering nozzle *дозирующая форсунка*
metering orifice *дозирующий жиклер*
metering pump *дозировочный насос*
metering screw *регулировочный винт, шнек-дозатор*
metering valve *дозатор, дозирующий клапан, дроссель, регулятор потока*
meter reading *показания измерительного прибора*
metre (m) *метр*
metres per second *число метров в секунду*
metropolitan region *большой город с пригородами, столичный район*
mg (milligramme) *миллиграмм*
microbus *микроавтобус*
microcircuit card *плата с микросхемами*
micro measuring apparatus *миниатюрный измерительный прибор*
microprocessor *микропроцессор*
microprocessor unit *блок микропроцессора*
middle *середина*

MID

middle (adj.) *средний*
middle line *осевая линия*
middle of the road *середина дороги*
middle roll *промежуточный вал*
middle-size *среднего размера*
middle strip *разделительная полоса*
middle tap *промежуточная цапфа*
midpoint *средняя точка*
midpoint conductor *нейтраль*
midpoint wire *нейтраль*
midway *на полпути*
migration of water [road] *приток воды*
mild *мягкий, умеренный*
mileage counter *счетчик пройденого пути*
mileage recorder *счетчик пройденого пути*
milestone *камень с указанием расстояния в милях, километровый столб*
mill *двигатель, фреза*
mill (vb.) *фрезеровать*
milled-head screw *винт с рифленой головкой*
milled nut *рифленая гайка*
millesimal *тысячная часть, тысячный*
milliard (UK) *миллиард*
milligram(me) *миллиграмм*
millilitre *миллилитр*
millimeter (US) *миллиметр*
millimetre (UK) *миллиметр*
millimetre pitch [screw] *миллиметровый шаг*
min. (minute) *минута*
mineral (adj.) *минеральный*
mineral lubricating oil *минеральное смазочное масло*
mineral oil *минеральное масло*
minibus *микроавтобус*
minimal (adj.) *минимальный*
minimal value *минимальная величина*
minimum *минимальное значение*
minimum blowing current *минимальный ток плавления предохранителя*
minimum clearance *минимальный зазор*
minimum clock frequency *минимальная тактовая частота*
minimum clock-pulse duration *минимальная продолжительность синхронизирующего импульса, минимальная продолжительность тактового импульса*
minimum dimension *минимальный размер*
minimum distance *минимальная дальность*
minimum fusing-current *минимальный ток плавления предохранителя*

MIN

minimum load *минимальная нагрузка*
minimum local thickness *минимальная местная толщина*
minimum pressure *минимальное давление*
minimum speed *минимальная скорость*
minimum thickness *минимальная толщина*
mini-van (family van) *минифургон (семейный автомобиль)*
minor (adj.) *второстепенный, малый, незначительный*
minor characteristic *второстепенная характеристика*
minor diameter *внутренний диаметр (резьбы)*
minor element *неосновной элемент*
minor repair *мелкий ремонт*
minor road *боковая дорога, второстепенная дорога*
mint (adj.) *не бывший в употреблении*
minute (adj.) *подробный*
minute (min.) *минута*
mirror *зеркало*
mirror-bright *зеркально отполированный*
mirror finish, give (vb.) *полировать до зеркального блеска*
mirror glass *зеркальное стекло*
mirror-inverted *с перевернутым изображением*
mirror plate *зеркальное стекло*
mirror-polish (vb.) *полировать до зеркального блеска*
mirror reflection *зеркальное отражение*
miry *загрязненный*
misadjust (vb.) *неправильно устанавливать, неточно регулировать*
misadjustment *неправильная регулировка, неправильная установка, несогласованность, неточная настройка*
misalignment *несовпадение, несоосность, неточное совмещение, отклонение от оси, разориентация, разрегулировка, рассогласование, расстройка, смещение*
miscibility *смешиваемость*
miscible *смешиваемый*
misfeed *неверная подача*
misfire (vb.) [motor] *давать пропуски зажигания*
misfiring [motor] *пропуск зажигания*
misfit *несовмещение, несовпадение, несоответствие, плохая пригонка*
misfit (vb.) *не соответствовать*
mishap *авария, несчастный случай*
mismanagement *плохое управление*
mismatch *неправильная подгонка, несовпадение, несогласованность, несоответствие, неточное сопряжение, рассогласование*
misplace (vb.) *неправильно устанавливать*
misplacement *неправильная установка*
misplug *неправильно присоединять*
misplug (vb.) *неправильно подключать*

MIS

miss (vb.) *давать перебои, пропускать*
missing (adj.) *недостающий, отсутствующий*
miss of signal *пропадание сигнала*
mist *мгла, туман*
mist (vb.) *затуманивать, напылять, распылять*
mistake *ошибка, погрешность, просчет*
mist eliminator *брызгоуловитель*
misting *разбрызгивание*
mist sprayer *распылитель*
misty *мглистый, неясный, туманный*
misuse *неправильная эксплуатация, неправильное применение*
misuse failure *неисправность, вызванная неправильной эксплуатацией*
miter *соединение под углом 45 градусов, срез под углом 45 градусов*
miter (vb.) *скашивать под углом 45 градусов, соединять под углом 45 градусов*
mitre *соединение под углом 45 градусов, срез под углом 45 градусов*
mitre-cut piston ring [motor] *поршневое кольцо с косым срезом*
mitre gear [gear] *ортогональная коническая зубчатая передача с передаточным числом, равным 1*
mitre valve *конический клапан*
mitre wheel *коническое зубчатое колесо*
mix *смесь, состав смеси*
mix (vb.) *приготавливать смесь, смешивать*
mixable *смешиваемый*
mixed cargo *смешанный груз*
mixing ratio *состав смеси*
mix proportion *состав смеси*
mix specification *рецептура смеси*
mixture chamber [motor] *смесительная камера*
mixture control [motor] *регулирование состава смеси*
ml (millilitre) *миллилитр*
mm (millimetre) *миллиметр*
mobile *мобильный, передвижной, подвижный*
mobile crane *самоходный кран*
mobile home *жилой прицеп*
mobile machinery *транспортные средства*
mobile telephone *автомобильный телефон*
mock *имитация, подделка*
mock (adj.) *поддельный, фальшивый*
mode *режим*
model *модель, образец*
model of traffic flow *модель транспортного потока*
mode of working *рабочий режим*
moderate (vb.) *смягчать*

MOD

moderate speed *средняя скорость*
mode selector *устройство выбора режима*
modified offset [screw] *модифицированное смещение*
module *блок, узел, унифицированный элемент*
m. of i. (moment of inertia) *момент инерции*
mogas (motor gasoline) *моторный бензин*
moiety *половина, часть*
moist *влажный, сырой*
moisten (vb.) *увлажнять*
moisture *влажность, сырость*
moisture condensation *конденсация влаги*
moisture of condensation *конденсат*
moisture penetration *проникновение влаги*
moisture pick-up *впитывание влаги, поглощение влаги*
moisture protection *влагозащита*
moisture-resistant *влагостойкий*
molding *отлитая деталь*
momentary *мгновенный, моментальный*
momentary load *мгновенная нагрузка*
momentary value *мгновенное значение*
moment of ignition *момент зажигания*
moment of rotation *вращающий момент*
moment of torsion *вращающий момент, крутящий момент*
momentum *импульс*
momentum transfer *передача импульса*
monitor *контрольное устройство*
monkey spanner *разводной ключ*
monkey wrench *разводной ключ*
monobloc engine *моноблочный двигатель*
monochrome *одноцветный*
monochromical *одноцветный*
monotonous *монотонный*
montejus *монтежю*
monthly (adj.) *ежемесячный*
moped *мопед*
moped headlamp (front lamp) *передняя фара мопеда*
mortal accident *несчастный случай со смертельным исходом*
mortality *выход из строя*
mortar-bound macadam *дорожное покрытие с цементной основой*
motion *движение*
motion of revolution *вращательное движение*
motion of rotation *вращательное движение*
motion sickness *укачивание*
motive axle *ведущая ось*
motive power *движущая сила*
motive spring *приводная пружина*

motivity *движущая сила*
motor *двигатель, мотор*
motor-actuated control *система управления с сервоприводом*
motorail *автопоезд*
motor-assisted bicycle *велосипед, оснащенный двигателем (электрическим или топливным)*
motorbike *мотоцикл*
motor bonnet [auto] *капот двигателя*
motor brake *тормоз двигателя*
motorbus *автобус*
motor cabinet *моторный отсек*
motorcar *автомобиль*
motorcar accident *автомобильная авария*
motorcar body sheet *стальной лист для автомобильных кузовов*
motorcar engine *автомобильный двигатель*
motorcar factory *автомобильный завод*
motorcar mechanic *автомеханик*
motorcar repair shop *авторемонтная мастерская*
motorcar telephone *автомобильный телефон*
motor coach *автобус*
motor coach (bus) *двухдверный седан (туристический автобус)*
motor control *управление двигателем*
motorcycle *мотоцикл*
motorcycle chain *цепь мотоцикла*
motorcycle combination *мотоцикл с коляской*
motorcycle stand *стояночная опора мотоцикла*
motorcycle tire *мотоциклетная шина*
motorcycle with sidecar *мотоцикл с коляской*
motorcyclist *мотоциклист*
motorcyclist's helmet *защитный шлем мотоциклиста*
motor-driven *с механическим приводом*
motor fitted inside the wheel hub *двигатель, вмонтированный в ступицу колеса*
motor fuel *дизельное топливо, моторное топливо*
motor gasoline *моторный бензин*
motor grader [road] *автогрейдер*
motorhome *автомобиль, приспособленный для жилья*
motor hood [auto] *капот двигателя*
motorhorn *звуковой сигнал автомобиля*
motoring *прокрутка двигателя, прокручивание двигателя*
motoring (adj.) *вызывающий движение, движущий*
motor in the wheel hub *двигатель в колесной ступице*
motorized *механизированный*
motorized valve *клапан двигателя*
motor lorry *грузовой автомобиль*
motor mount *подвеска двигателя*

MOT

motor octane number (MON) *моторное октановое число*
motor oil *дизельное топливо, моторное масло*
motor-operated *с механическим приводом*
motor-operated valve *затвор с сервоприводом, клапан двигателя*
motor output *мощность двигателя*
motor petrol *моторный бензин*
motor plough *самоходный плуг*
motor power *мощность двигателя*
motor roller *самоходный каток*
motor shaft *вал двигателя*
motor show *автомобильная выставка*
motor sledge *мотосани*
motor sleigh *мотосани*
motor speed *частота вращения двигателя*
motor spirit *автомобильный бензин*
motor tank car *автомобиль-цистерна*
motor torque *крутящий момент двигателя*
motor truck *грузовой автомобиль*
motor tune-up *регулировка двигателя*
motor vehicle *автотранспортное средство*
motor vehicle fleet *автомобильный парк*
motor vehicle population *автомобильный парк*
motorway *автострада, шоссе*
motor winch *механическая лебедка*
motor with cylinders in line *двигатель с цилиндрами, расположенными в ряд*
motor works *завод по производству двигателей*
moulded screw *прессованная резьба*
moulded thread *прессованная резьба*
moulding brad *проволочный штифт*
mount (vb.) *монтировать, насаживать, собирать, устанавливать*
mountain road *горная дорога*
mountain slide *горный обвал*
mounted rigidly *жестко установленный*
mounting *держатель, крепление, монтаж, сборка, установка*
mounting base *основание*
mounting of wheels *монтаж колес*
mounting part *крепежная деталь, монтажная деталь*
mounting table *монтажный стол*
mount with (vb.) *оборудовать, оснащать*
mouth *входное отверстие, горловина, раструб*
mouthpiece *наконечник*
movability *маневренность, подвижность*
movable *маневренный, передвижной, переносный*
movable bearing *подвижная опора*
movable bridge *разводной мост*

MOV

movable crane *передвижной кран*
movable span *разводной пролет моста*
move *перемещение, ход*
move (vb.) *двигать, перевозить, транспортировать*
moveable bulkhead *подвижная перегородка*
move into engagement (vb.) [gear] *ввести в зацепление*
movement *движение, смещение, ход*
movement of translation *поступательное движение*
mover *движитель, приводной механизм*
moving (adj.) *движущийся*
moving apparatus *приводной механизм*
moving direction *направление движения*
moving traffic *дорожное движение*
mucilaginous *клейкий*
mud *грязь, осадок, отстой*
mud flap [auto] *грязевой щиток*
mudguard [auto] *брызговик, грязевой щиток*
muff *гильза, муфта, цилиндр*
muff coupling *втулочная муфта*
muffle (vb.) *глушить, заглушать*
muffler *глушитель, звукопоглощающее приспособление*
muffling of noise *глушение шума*
mule *электрокар*
multicylinder engine *многоцилиндровый двигатель*
multigrade oil *универсальная смазка*
multilane [road] *многорядный*
multilayer glass *многослойное стекло*
multilayer insulation *многослойная изоляция*
multipiece *состоящий из нескольких частей*
multiplate clutch *многодисковая муфта, многодисковое сцепление*
multiple *кратное*
multiple collision [traf.] *множественное столкновение*
multiple-disc brake *многодисковый тормоз*
multiple-disc clutch *многодисковая муфта, многодисковое сцепление*
multiple-expansion engine *двигатель с многократным расширением*
multiple-lane [road] *многорядный*
multiple pile-up [traf.] *столкновение нескольких автомобилей*
multiple-purpose *комбинированный, универсальный*
multiple-seat valve *клапан с несколькими седлами*
multiple spline shaft *шлицевый вал*
multiple-start thread *многозаходная резьба*
multiple thread *многозаходная резьба*
multiplex bus *многосекционный автобус*
multiplex thread *многозаходная резьба*

MUL

multipoint ignition многоискровое зажигание
multirow radial engine многорядный двигатель со звездообразно расположенными цилиндрами
multirubber-tired roller дорожный каток на резиновых шинах
multispan многопролетный мост
multispline screw шлицевый винт
multispline shaft шлицевый вал
multistage многоступенчатый
multistep многоступенчатый
multitone horn [auto] многотональный звуковой сигнал
multityred roller пневмоколесный каток
multiwheel roller пневмоколесный дорожный каток
municipal городской
municipal road городская дорога
mush кашеобразная масса
mushroom head грибовидная головка
mushroom head bolt болт с грибовидной головкой
mutual exclusion взаимное исключение
mutual independence взаимная независимость

N

nail punch   пробойник (бородок) для выбивания шплинтов
nail set   бородок, пробойник
naked   незащищенный
naked flame   открытое пламя
nameplate   паспортная табличка, пластинка с надписью, фирменный штемпель
naphta   бензин-растворитель
narrowing   сужение
narrowly spaced   на небольшом расстоянии (друг от друга)
narrow passage   переулок, узкий проход
narrow V-belt   узкий клиновой ремень
narrow wedge belt   узкий клиновой ремень
national   государственный
national legislation   национальное (внутреннее) законодательство
natural scale   масштаб 1:1, натуральная величина
nature reserve   заповедник, природная охраняемая территория
near leather   имитация 'под кожу', искусственная кожа
near side   ближняя сторона дороги; [road] левая сторона (по ходу)
neat   без примесей, натуральный, неразбавленный, чистый
neck   выточка, горловина, кольцевая канавка, цапфа, шейка, шип
neck bearing   опорный подшипник, промежуточный подшипник, радиальный подшипник
neck flange   торцевая насадка
necking   обжатие, сужение
neck journal bearing   опорный подшипник, подшипник скольжения, промежуточный подшипник, радиальный подшипник
neck rest   [auto] заголовник, подголовник
needle   игла, стрелка (прибора), штырек
needle bearing   игольчатый подшипник
needle bush   [motor] игольчатый подшипник без внутреннего кольца
needle guard   иглодержатель, предохранитель иглы
needle valve   [auto] игла (карбюратора); игольчатый вентиль, игольчатый дроссель, игольчатый затвор, игольчатый клапан
negative acceleration   отрицательное ускорение
negative camber   [auto] обратный развал переднего колеса, отрицательная кривизна, отрицательный прогиб, отрицательный развал переднего колеса
neighbouring   прилегающий
neighbouring commune   район, соседний округ
neighbouring country   пограничное государство
neighbouring forest   прилегающий лес

NEI

neighbouring part *прилегающая часть, смежная деталь*
nest *гнездо*
nest (vb.) *вмонтировать, вставлять, встраивать*
net engine power *мощность-нетто двигателя, полезная мощность двигателя*
net load *масса без тары, полезный груз*
net loading capacity *полезная грузоподъемность*
net output *чистая отдача*
net positive suction head *высота столба жидкости над всасывающим патрубком насоса*
net ton *американская тонна (907 кг), канадская тонна (907 кг)*
network layout *схема расположения сети (дорог)*
neutral *нулевая отметка, нулевой провод*
neutral (adj.) *нейтральный, средний*
neutral axis *нейтральная ось*
neutralize (vb.) *сбалансировать*
neutral layer *средний уровень*
neutral position *нейтральное положение*
new *не бывший в употреблении, новый*
nib bolt *болт с усом (под головкой), болт с шипом*
nib point *острие, острый выступ, острый кончик*
niche *ниша, углубление*
nick *бороздка, зарубка, пережим, прорезь, сужение, шейка, шлиц*
nipper *механический стопор*
nipple *ниппель, соединительная втулка, штуцер*
nodal *центральный*
node *узел*
nodule *валун, галька*
noise *шум, шум(ы)*
noise abatement *шумопоглощение*
noise absorbing material *шумопоглощающий материал*
noise burst *шумовой выхлоп*
noise-free *бесшумный*
noiseless *бесшумный*
noisy *шумный*
no-load (adj.) *без нагрузки, холостой*
no-load characteristic *сопротивление холостого хода, характеристика холостого хода*
no-load operation *работа без нагрузки, холостой ход*
no-load test *испытание без нагрузки, испытание на холостом ходу*
nominal acceleration time *номинальное время разгона*
nominal capacity *номинальная грузоподъемность, номинальная емкость, номинальная мощность*
nominal current *номинальный ток*
nominal deviation *отклонение (напр., частоты) от номинала*
nominal diameter *номинальный (расчетный) диаметр*

nominal dimension *размеры с установленными допусками*
nominal length *номинальная длина*
nominal load capacity *несущая способность, номинальная грузоподъемность*
nominal output *номинальная мощность*
nominal power *номинальная мощность*
nominal pull-in torque *момент при 95% синхронной скорости*
nominal range *номинальная дальность*
nominal size *номинальный размер*
nominal speed *номинальная скорость, номинальная частота вращения*
nominal stress *номинальное напряжение*
nominal value *номинальная величина, номинальное значение*
non-acoustical panel *звуконепроницаемая панель*
non-conductor *диэлектрик, изолятор*
non-contacting *бесконтактный*
non-corrosive *нержавеющий*
non-corrosive steel *нержавеющая сталь*
nondirectional antenna *ненаправленная антенна*
non-drip *герметичный*
non-driving wheel *неведущее колесо*
non-flammable *негорючий*
non-flammable (US) *невоспламеняющийся*
non-freeze *морозостойкий*
non-freeze solution *антифриз*
non-freezing *морозостойкий, незамерзающий*
non-glare *неослепляющая (фара), неслепящий (свет фар)*
non-greased *несмазываемый*
non-inflammable *негорючий*
non-inflammable (UK) *невоспламеняющийся*
non-interchangeable *незаменяемый*
non-lifting *невсасывающий (инжектор), ненесущий*
non-lubricant bearing *подшипник без смазки, подшипник, не требующий смазки, самосмазывающийся подшипник*
non-offensive *не наносящий вреда (окружающей среде)*
non-oxidizing *неокисляющий(ся)*
non-paved [road] *немощеный*
non-principal road *второстепенная дорога*
non-recoverable *невосстановимый, неизвлекаемый, потребляемый, расходуемый при потреблении*
non-reserved lane [road] *общая полоса движения*
non-return valve *невозвратный клапан*
non-return valve with restriction *обратный клапан с дросселем*
non-reversible steering gear *необратимый рулевой механизм*
non-road vehicle *внедорожное транспортное средство, внедорожный автомобиль*

NON

non-rust нержавеющий
non-shattering безосколочный, небьющийся, неломкий
non-shock ударостойкий
non-shrinking безусадочный
nonskid предохраняющий от скольжения
nonskid chain [auto] цепь противоскольжения
nonskid quality шероховатость (дорожного покрытия)
non-slip drive [motor] передача (движений) без проскальзывания
non-spillable battery герметичная аккумуляторная батарея, малообслуживаемая аккумуляторная батарея, необслуживаемая аккумуляторная батарея
non-stacking (комбайн) без копнителя
non-staining нержавеющий, устойчивый против коррозии
nonstop transit system [traf.] система безостановочных транзитных перевозок
nonstop urban transportation [traf.] система экспресс-маршрутов городского транспорта
non-toxic нетоксичный, неядовитый
no parking стоянка запрещена
norm стандарт
normal (adj.) обычный, стандартный
normal circular pitch [gear] нормальный окружной шаг (зацепления), нормальный шаг по дуге делительной окружности
normal cross-section поперечное сечение, сечение перпендикулярное оси
normal dimension стандартный размер
normal flow of traffic [traf.] нормальная грузонапряженность движения, нормальный поток движения, нормальный поток транспорта
normal friction nut гайка нормального трения
normal operation нормальный режим эксплуатации
normal pace нормальный шаг (напр., резьбы)
normal pitch [gear] нормальный шаг (зуба)
normal pressure angle [gear] угол профиля в нормальном сечении
normal profile нормальное сечение
normal running speed нормальная рабочая частота вращения, нормальная ходовая скорость
normal section поперечное сечение, сечение перпендикулярное оси
normal traffic нормальное движение транспорта
normal type стандартное исполнение
nose наконечник
nose piece наконечник
no smoking курение запрещено
no stopping [traf.] беспересадочный, прямого сообщения

nostril of burner *форсунка*
notch *бороздка, гнездо для шипа, зарубка, метка, отверстие для втулки, прорезь*
notched belt *зубчатый ремень*
notched belt drive *зубчато-ременная передача, зубчато-ременный привод*
notched clip *клемма с надрезом*
not harmful to the environment *безвредный для окружающей среды*
no thoroughfare *проезд закрыт*
not protected *незащищенный*
no trespassing *вход воспрещен*
no waiting *стоянка запрещена*
noxious substance *токсичное вещество, ядовитое вещество*
noxious vapours *ядовитые пары*
nozzle *выпускное отверстие, наконечник, патрубок, сопло, форсунка*
nozzle aperture *отверстие форсунки*
nozzle atomizer *распыляющий наконечник (форсунки), форсунка*
nozzle burner *форсунка*
nozzle checking gauge [auto] *прибор для проверки форсунок*
nozzle discharge *выпуск (топлива) форсункой*
nozzle insert *втулка форсунки*
nozzle jet *выпуск струи (топлива) форсункой*
nozzle line *трубка форсунки*
nozzle nipple *штуцер форсунки*
nozzle pipe *инжекционная труба*
nozzle spring *пружина форсунки*
nuclear charge number *зарядовое число*
nullification *аннулирование*
number *количество, номер, цифра, число*
number (vb.) *клеймить, маркировать, нумеровать, считать*
number disc (disk) *номерная табличка участника транспортных соревнований (номерной диск)*
numberless *не имеющий номера*
number of revolutions *число оборотов*
number of revolutions per minute (RPM) *число оборотов в минуту (об/мин)*
number of turns of a winding *число витков в обмотке*
number plate *номерной знак (автомобиля)*
number plate lamp *лампочка заднего номерного знака*
nursery school *указатель 'детский сад'*
nut *гайка*
nut across flats *зев гаечного ключа*
nut driver *гаечный ключ*
nut retention *замок гайки*
nut screw *винт с мелкой резьбой*

NUT

nut tap   *гаечный метчик*
nut thread   *гаечная резьба*
nut washer   *гаечная шайба*
nut with one chamfer   *накидная гайка с одной фаской*
nut with two chamfers   *накидная гайка с двумя фасками*

O

object *объект*
objection *протест*
obligation to give way [traf.] *обязанность уступить дорогу*
oblique position *наклонное положение*
obliquity *перекос*
oblong (adj.) *вытянутый, продолговатый, удлиненный*
oblong hole *овальное отверстие*
obscuration *потемнение*
obscure *темный, тусклый*
observe (vb.) *снимать показания прибора*
obsolete *вышедший из употребления, устаревший*
obstacle *помеха, препятствие*
obstruct (vb.) *блокировать, преграждать, препятствовать продвижению*
obstruction *заграждение, препятствие*
obturate (vb.) *закрывать, затыкать, уплотнять*
obturation *закрывание отверстия*
obturator ring *компрессионное поршневое кольцо, маслосбрасывающее кольцо*
occlude (vb.) *закрывать, закупоривать*
occupant [auto] *пассажир*
occurrence *местонахождение, происшествие, случай*
octagonal head *восьмигранная головка (винта)*
octagon nut *восьмигранная гайка*
octagon screw *винт с восьмигранной головкой*
octane booster *присадка, повышающая октановое число*
octane number (ON) *октановое число*
octane rating *октановое число, оценка детонационной стойкости топлива*
O.D. (outside diameter) *наружный диаметр*
odograph *автопрокладчик, прибор для записи пройденного пути*
odorant *пахучее вещество, пахучий*
O-D study (origin and destination study) [traf.] *анализ движения транспорта между пунктами отправления и назначения*
O-D survey (origin and destination survey) [traf.] *анализ транспортных потоков между пунктами отправления и назначения*
off *выключенный, отключенный*
offal *побочные продукты переработки*
off-centre *смещенный относительно центра*
off-colour *дефектный, неисправный, нестандартного цвета*
offer (vb.) *предлагать*
official *должностное лицо*
official (adj.) *официальный, служебный*

OFF

off-position положение выключения, положение 'выключено'
off-roader вездеход, транспортное средство для движения по бездорожью, транспортное средство повышенной проходимости
off-road vehicle вездеход, транспортное средство для движения по бездорожью, транспортное средство повышенной проходимости
offset ответвление, отвод трубы, противовес, сдвиг, смещение
offset (vb.) уравновешивать
offset (adj.) несоосный, сдвинутый
offset coefficient коэффициент смещения
offset polar winding компенсационная обмотка
offset screwdriver [tool] изогнутая отвертка
off-side правая сторона (по ходу автомобиля)
off-state состояние выключения
offtake отвод, отводная труба, отводной канал
off-the-road tyre шина для бездорожья
off-the-road vehicle вездеход, транспортное средство высокой проходимости, транспортное средство для движения по бездорожью
off-the-shelf готовый, пригодный для использования
off-time время выключенного состояния, время отключения
off-white грязнобелый, желтоватый, кремовый
of high viscosity высокой вязкости
of low gas content с низким содержанием газов
of too low capacity с очень малой пропускной способностью
of too low strength очень низкой прочности
of too small size очень малого размера
of uniform colour одинаковой окраски
of use используемый
OHC (overhead camshaft) [motor] верхний распределительный вал
OHV (overhead valve) верхний клапан
oil жидкая смазка, масло, нефть
oil (vb.) пропитывать маслом, смазывать
oil absorbency поглощаемость масла
oil absorption впитывание масла, способность абсорбировать масло
oil bleeder screw винт слива масла
oil can бидон для масла, масленка
oil-carrying pipe маслопровод
oil cock кран для проверки уровня масла, масляный кран
oil collector маслосборник, маслоуловитель
oil cooler маслоохладитель, масляный радиатор
oil cup масленка для жидкой смазки, маслосборник, маслоуловитель, резервуар для масла
oil damper масляный амортизатор, масляный успокоитель

OIL

oil deflector   *маслоотражатель*
oil demand   *потребность в масле, потребность в смазке*
oil deposit   *масляный нагар*
oil distributor   *маслораздаточный механизм, маслораспределитель, маслораспределительное устройство*
oil drain   *выпуск масла, маслоспускное отверстие, отверстие для слива масла*
oil drian plug   *пробка маслоспуска*
oil drip pan   *маслосборник, масляный поддон*
oil duct   *маслопровод, маслопроводная трубка, масляная канавка (в подшипнике), смазочный канал*
oil engine   *дизель, дизельный двигатель*
oil feeding   *подача масла, подача смазки, подвод масла*
oil filler   *масленка*
oil filler neck   *горловина маслоналивного патрубка*
oil film   *масляная пленка*
oil filter   *маслоочиститель, масляный фильтр*
oil fuel   *мазут*
oil guard   *маслоотражатель*
oil gun   *маслонагнетатель, шприц для смазки под давлением*
oil heater   *маслоподогреватель*
oil hole   *смазочное отверстие*
oiling   *смазка*
oiling point   *точка смазки*
oiling ring   *смазочное кольцо*
oilless bearing   *подшипник без смазки, самосмазывающийся подшипник*
oil level   *уровень масла*
oil-level gauge   *масляный щуп, указатель уровня масла*
oilpan   [motor] *маслосборник, масляный поддон, поддон картера*
oilpan drain   [motor] *отверстие в поддоне картера для слива масла*
oilpan drain screw   [motor] *резьбовая пробка отверстия для слива масла из поддона картера*
oil pipe for camshaft lubrication   *маслопровод для смазки распредвала*
oil pressure   *давление масла*
oil pressure gauge   *масляный манометр*
oil pressure indicator lamp   *индикаторная лампа давления масла*
oil pressure limiting valve   *ограничитель давления масла*
oil pressure pump   *маслонагнетательный насос*
oil pressure switch   [auto] *выключатель давления масла, контактный выключатель давления масла, контактный датчик давления масла, реле давления масла*
oil pressure warning lamp   *сигнальная лампа давления масла*
oilproof   *маслонепроницаемый, маслостойкий*

OIL

oil pump *масляный насос*
oil recovery *регенерация масла*
oil-resisting *маслонепроницаемый*
oil retainer ring *маслоудерживающее кольцо*
oil return pipe *возвратный маслопровод, маслоперепускная трубка*
oil ring [motor] *маслоразбрызгивающее кольцо; маслосъемное кольцо;* [motor] *маслоудерживающее кольцо; смазочное кольцо*
oil ring lubricated bearing *подшипник с кольцевой смазкой*
oil scraper ring [motor] *маслосбрасывающее кольцо, маслосъемное кольцо*
oil screen *масляный фильтр*
oil seal *масляное уплотнение, масляный затвор, сальник*
oil seal ring *кольцо сальника, маслоуплотнительное кольцо*
oil separator *маслоотделитель*
oil shock absorber *гидравлический амортизатор*
oil strainer *масляный фильтр*
oil sump [motor] *маслоотстойник, маслоуловительная чашка, масляное корыто, поддон картера*
oil supply *подача масла*
oil supply pipe *маслоподводящая трубка*
oil thrower ring *маслоотражательное кольцо, смазочное кольцо*
oil trough *поддон*
oil tube *смазочная трубка*
oil viscosity *вязкость масла*
oil well *маслосборник*
oil wiper [motor] *маслосъемное кольцо*
old *бывший в употреблении, старый*
old-fashioned *вышедший из употребления, старомодный, устарелый*
oleo-pneumatic shock absorber *гидропневматический амортизатор, пневмогидравлический амортизатор*
omnibus *автобус, омнибус*
omnidirectional antenna *всенаправленная антенна*
on *включенный, включено, открыто, положение включения*
ON (octane number) *октановое число*
once-through lubrication *одноразовая смазка*
oncoming traffic *встречное движение транспорта*
one-axle *одноосный*
one-man operated (adj.) *управляемый одним человеком*
one-piece *неразъемный, цельный*
one-sided *односторонний*
one-track *с односторонним движением*
one-way *односторонний*
one-way clutch *односторонняя муфта*
one-way street *улица с односторонним движением*

ONE

one-way traffic *одностороннее движение транспорта*
one-way transmission *однонаправленная передача*
on-loading *под нагрузкой, с нагрузкой*
on-off *двухпозиционный*
on-off switch *выключатель электропитания, двухпозиционный переключатель*
on-position *положение включения, положение 'включено'*
on-receipt inspection *входной контроль*
on time *в рассрочку*
opaque (adj.) *непросвечивающий*
open (vb.) *размыкать*
open (adj.) *выключенный, открытого типа*
open area *открытая площадка, открытая территория, открытый участок*
open-band twist thread *крученая нить правой крутки*
open body *открытый кузов*
open car *открытый автомобиль*
open circuit *разомкнутая цепь*
open-end spanner *гаечный ключ с незамкнутым зевом*
open folding hood (vb.) *открыть складной верх кузова*
open goods wagon *открытый хоппер, полувагон*
opening area of valve *проходное сечение клапана*
opening automatically *автоматически открывающийся*
opening span *открывающийся пролет моста*
open joint *соединение с зазором между отдельными частями*
open mortise *удлиненное гнездо с закругленными концами*
open platform *открытая платформа*
open shed *навес*
open the throttle (vb.) [auto] *открыть дроссельную заслонку*
open top container *открытая тара, тара со съемной крышкой*
open two-seat roadster *двухместный родстер с открывающимся верхом*
open wagon *открытый хоппер, полувагон*
open wire fuse *предохранитель с открытой плавкой проволочной вставкой*
operable *действующий*
operate (vb.) *приводить в движение, управлять, эксплуатировать*
operate by remote control (vb.) *приводить в действие путем дистанционного управления*
operated-off batterT *отработанная батарея*
operating conditions *условия эксплуатации, эксплуатационный режим*
operating curve *кривая срабатывания*
operating error *ошибка из-за нарушения правил эксплуатации*
operating gear *механизм управления*
operating lever *переводной рычаг, приводной рычаг, пусковой рычаг, рычаг управления*

OPE

operating limit предельный срок эксплуатации
operating manual инструкция по эксплуатации
operating pitch circle [gear] начальная окружность зубчатого колеса
operating pitch cylinder [gear] начальный цилиндр зубчатого колеса
operating pressure рабочее давление
operating temperature рабочая температура
operation команда
operation, out of не работающий
operational conditions условия эксплуатации, эксплуатационный режим
operational delay задержка срабатывания
operational dependability надежность в эксплуатации
operational error ошибка из-за нарушения правил эксплуатации
operational failure отказ в процессе эксплуатации
operator's cab кабина машиниста
operator's location [truck] рабочее место оператора
operator's position [truck] рабочее место оператора
opinion судебное решение
opposed противоположный
opposed cylinder engine двигатель с нераздельной камерой сгорания
opposed forces противоположно направленные силы
opposed-piston engine двигатель с оппозитными поршнями
opposing traffic встречное движение
opposing traffic stream поток встречного движения
opposite противоположный
opposite direction противоположное направление
opposite side противоположная сторона улицы, противоположный борт машины
optic (adj.) видимый, оптический
optical видимый
optical illusion обман зрения
optical refraction преломление света
optical speed detector оптический детектор скорости
optics оптические приборы
optimal оптимальный
optimum (adj.) оптимальный
optimum density оптимальная плотность
optimum speed оптимальная скорость
optional произвольный
option key клавиша выбора
orange [traf.] желтый свет светофора
orbital road кольцевая дорога
orchard tractor садово-огородный трактор, садовый трактор

order, out of *неисправный, сломанный*
ore-bulk-oil carrier (OBO carrier) *нефтерудовоз, танкер-рудовоз*
orient (vb.) *ориентироваться*
orientate (vb.) *определять местонахождение*
orifice *выход, отверстие*
orifice flange *выпускной фланец*
orifice plate *дроссель*
origin *исходный пункт, начало отсчета*
original (adj.) *начальный, подлинный*
original packing *заводская упаковка*
origin and destination study (O-D study) [traf.] *анализ движения транспорта между пунктами отправления и назначения*
origin and destination survey (O-D survey) [traf.] *анализ транспортных потоков между пунктами отправления и назначения*
originating traffic [traf.] *исходящий транспортный поток*
O-ring *уплотнительное кольцо*
O-ring seal *кольцевое уплотнение*
ornamental ring [auto] *декоративный ободок*
oscillating arm *качающийся рычаг*
oscillating lever *балансир, качающийся рычаг, коромысло*
oscillating screen *вибрационный грохот*
oscillating weight *качающийся груз*
oscillation *качание, колебание*
oscillation absorber *амортизатор, гаситель колебаний, демпфер*
oscillation damper *амортизатор, гаситель колебаний, демпфер*
oscillation frequency *частота колебаний*
Otto engine *двигатель с количественным регулированием мощности, карбюраторный двигатель*
outage *выпускное отверстие, утечка*
outboard engine *подвесной двигатель*
outboard motor *подвесной мотор*
outdoor air *наружный воздух*
outdoor antenna *наружная антенна*
outdoor temperature *температура наружного воздуха*
outer air *наружный воздух*
outer axle *внешняя ось (трехосного автомобиля)*
outer bearing *наружный подшипник*
outer cover *кожух, покрышка, футляр, чехол*
outer dead centre [motor] *верхняя мертвая точка*
outer edge *внешняя кромка, наружный край*
outer lane [road] *крайняя полоса движения*
outer lining *внешняя облицовка*

OUT

outer race *наружная беговая дорожка (шарикоподшипника), наружное кольцо (подшипника качения)*
outer ring road *кольцевая дорога, кольцевая дорога, проходящая по окраинам города*
outer shaft *наружный вал*
outer sheath *внешняя оболочка, кожух*
outer shell *внешняя оболочка, кожух*
outer side *внешняя сторона*
outer slope *наружный откос*
outfit *комплект, набор приборов, оборудование*
outflow pipe *сливная труба*
outlet *выпускное отверстие, слив*
outlet manifold *выпускной коллектор*
outlet pipe *выпускная труба*
out of level *отклоняющийся от уровня, смещенный*
out of line *смещенный*
out of operation *неработающий*
out of order *неисправный*
out of repair *изношенный, негодный, неисправный*
out of service *необслуживаемый*
output *мощность, пропускная способность*
output shaft [auto] *выходной вал*
output valve *выпускной клапан*
output voltage *выходное напряжение*
output work queue *очередность выполнения работ*
outside *наружная часть*
outside crank *наружная заводная ручка, наружная пусковая рукоятка*
outside rear view mirror [auto] *наружное зеркало заднего вида*
outside screw thread *наружная винтовая резьба*
outside temperature *температура наружного воздуха*
outside thread *наружная резьба*
outswept tail [auto] *разгруженная хвостовая часть кузова*
outward journey *поездка за границу*
oval *овал*
oval bush *овальная втулка*
oval fillister head screw *винт с цилиндрической головкой и сферой*
oval head screw *винт со сферической головкой, винт с полупотайной головкой*
ovality *овальность*
oven *печь, термостат*
overall height *габаритная высота*
overall length *габаритная длина*
overall size *габаритный размер*
overall stopping distance *полный тормозной путь*

overall time interval *общий временной интервал*
overall travel speed *общая скорость движения*
overall travel time *общее время движения*
overall view *общий вид*
overall voltage *полное напряжение*
overall width *габаритная ширина*
overburden *перегрузка*
overcharge *перегрузка, перезарядка*
overcool (vb.) *переохлаждать*
overdrawing *срыв резьбы*
overdrive *повышающая передача*
overflow pipe *сливная труба*
overflow spout *выпускное отверстие*
overflow valve *перепускной клапан*
overhaul *демонтаж, капитальный ремонт*
overhauling *капитальный ремонт*
overhead camshaft (OHC) *верхний распределительный вал*
overhead camshaft engine *двигатель с верхним распределительным валом*
overhead railway *надземная железная дорога*
overhead traffic sign *подвесной дорожный знак*
overhead valve [motor] *верхний клапан; подвесной клапан*
overhead valve engine *двигатель с верхним расположением клапанов*
overhead wires *электрический путепровод*
overheat (vb.) *перегревать*
overheating *перегрев*
overheight vehicle *транспортное средство, высота которого превышает максимально допустимую*
overinflate (vb.) *накачивать шину сверх нормального давления*
overlap (vb.) *соединять внахлестку*
overlap angle [gear] *угол перекрытия*
overlap arc [gear] *дуга перекрытия*
overlap joint *соединение впуск*
overpass [road] *путепровод*
overpressure *избыточное давление, перекомпрессия*
overrich mixture [motor] *переобогащенная рабочая смесь*
override (vb.) *блокировать автоматическую систему управления*
override switch *переключатель блокировки автоматического управления*
overriding clutch *деблокирующая рукоятка автосцепки, муфта включения переднего ведущего моста автомобиля*
overrun *выход за установленный предел, движение с превышением скорости, разнос двигателя*
overrun (vb.) *выходить за установленный предел*
overrunning clutch *муфта свободного хода, обгонная муфта*
oversize *нестандартный размер, припуск*

OVE

oversizing превышение номинального размера
overspeed заброс оборотов (двигателя), завышенное число оборотов, скорость выше допустимой, чрезмерная скорость
overspeed (vb.) идти вразнос (о двигателе), превышать допустимую скорость
overspeeding превышение допустимой скорости, разнос двигателя
oversteer (vb.) чрезмерно поворачивать (автомобиль)
oversteering [auto] чрезмерная поворачиваемость
overswing зашкаливание стрелки измерительного прибора
oversynchronous braking сверхсинхронное торможение
overtake (vb.) догонять
overtaking [traf.] обгон
overtaking lane [road] полоса обгона
overturn (vb.) опрокидываться
overturning опрокидывание, переворачивание
overturning moment опрокидывающий момент
overweight vehicle перегруженный автомобиль
owner владелец, собственник
owner's manual руководство для пользователя

P

pace *скорость*
pack (vb.) [road] *трамбовать*
packhouse (US) *пакгауз, склад*
packing box *сальник*
packing collar *прокладка в форме обечайки*
packing disc *набивная шайба, уплотняющее кольцо*
packing flange *набивная манжета, набивочный воротник*
packing nut *герметизирующая гайка*
packing ring *прокладочное кольцо, уплотнительное кольцо*
packing rubber *герметизирующая резина*
packing washer *уплотнительная шайба, уплотняющее кольцо*
pad *втулка, затычка, подушка*
paddle *лопасть*
pail *ведро*
paint (vb.) *красить, окрашивать*
paint and varnish remover *растворитель краски и лака*
paint application *нанесение лакокрасочного покрытия*
paint coat *слой краски*
paint film *лакокрасочное покрытие, слой краски*
painting *нанесение лакокрасочного покрытия*
paint over (vb.) *закрашивать*
paint pot *ведро с краской*
paint remover *растворитель краски (красителя)*
paint spattered *забрызганный краской*
paint spray gun *краскопульт, пистолет-краскораспылитель*
paint spraying *окраска пульверизацией, распыление краски*
paint stripper *раствор для удаления краски, растворитель*
pair of doors *двойная дверь*
pamphlet *техническая инструкция*
pan *корыто*
panel *панель, плита, плоскость*
panel lamp [auto] *лампа приборной доски*
panel light *лампа приборного щитка;* [auto] *лампа приборной доски*
panel truck *грузовой автомобиль-фургон*
Panhard rod [auto] *панар-штанга*
pan head *плоскоконическая головка (болта);*
      [skrew] *цилиндрическая головка с закругленным концом*
pannier *багажник велосипеда;* [cycle] *габион*
paraffin (UK) *керосин*
parallelogram suspension [auto] *двухрычажная параллелограммная подвеска*
parallel roller journal bearing *параллельный опорный роликовый подшипник*
parallel thread *цилиндрическая резьба*

PAR

parish road *проселочная дорога*
park *парк*
park (vb.) *парковать, ставить автомобиль на стоянку*
park area *зеленая парковая зона*
park belt *стояночный ремень*
parking *автостоянка, паркование*
parking area *автостоянка*
parking bay [road] *придорожный участок для стоянки автомобилей*
parking brake [auto] *стояночный тормоз*
parking charge *плата за место на стоянке автомобиля*
parking disc *стояночный диск*
parking garage *гараж, крытая автостоянка*
parking house *гараж, крытая автостоянка*
parking lamp [auto] *стояночный фонарь*
parking lane [road] *полоса для остановки автомобилей*
parking light [auto] *стояночный фонарь*
parking line [road] *линейная разметка стоянки автомобилей*
parking lot (US) *автостоянка*
parking meter *счетчик продолжительности стоянки автомобиля*
parking space *место стоянки автомобилей, площадь парковання*
parking stand *костыль (мотоцикла)*
parking zone [road] *зона экстренной остановки автомобилей*
parkland *зеленая парковая зона*
park waste *мусор на автомобильной стоянке*
parkway *автострада*
parochial road *проселочная дорога*
part *деталь, часть*
part (vb.) *разбивать на части, разделять*
partial *местный*
partial acceleration *частичная приемистость двигателя, частичный разгон автомобиля*
partial assembly *частичная сборка*
partial combustion *неполное сгорание*
participant *участник*
particulate filtering device *пылепоглощающий фильтр*
parting wall *перегородка*
partition *переборка*
part-load traffic *движение транспорта с неполной нагрузкой*
passage *переход, проезд, проход*
passage detector *детектор проезда транспортного средства через перекресток*
passage underground *подземный переход*
passageway *перепускной канал (клапана)*
passenger [auto] *пассажир*

passenger car unit (PCU) *пассажирский салон транспортного средства*
passenger transport *пассажирский транспорт*
passenger travel *пассажирские перевозки*
passenger unloading bay [traf.] *платформа для выгрузки автомобилей*
passing bay [road] *боковая полоса для обгона*
passing beam (US) [auto] *ближний свет (фар)*
passing bolt *сквозной болт*
passing machine *пропашная машина*
passing place [road] *боковая полоса для обгона*
passing sight distance [traf.] *расстояние видимости, позволяющее совершить обгон*
passive *инертный, пассивный*
passive impact test *испытание пассивных средств защиты от столкновения*
passive metal [auto] *пассивированный металл*
passive motor vehicle safety *пассивные меры обеспечения безопасности движения автомобильного транспорта*
passive restraint system [auto] *пассивная система ограничений*
passive seat belt system [auto] *пассивная система ремней безопасности*
passive transport unit [traf.] *пассивное транспортное средство*
paste *замазка, клей, паста*
paste (vb.) *склеивать*
pasting *склеивание*
patch *заплата, перемычка*
patching *наложение заплаты, ямочный ремонт дорожного покрытия*
patching rubber *резина для заплат*
patchtip *коммутационный штекер*
path *дорожка, маршрут, траектория, цепь*
path of contact [gear] *линия зацепления*
pathway *дорожка, мостки*
patina *патина (налет, окраска в результате окисления)*
patrol car *полицейский патрульный автомобиль*
pattern *эталон*
pave (vb.) *укладывать дорожное покрытие*
paved area [road] *замощенный участок*
paved verge *мощеная обочина дороги*
pavement *дорожная одежда, дорожное покрытие, материал для мощения, мостовая*
pavement (UK) *тротуар*
pavement (US) *проезжая часть дороги*
pavement concrete *бетон для дорожных покрытий*
pavement structure *конструкция дорожного покрытия*
pavement surfacing *дорожное покрытие*

PAV

paver *укладчик асфальтобетонной смеси*
pave with cubes (vb.) [road] *мостить брусчаткой*
paving *дорожное покрытие, мостовая;* [road] *мощение*
paving breaker [road] *бетонолом*
PCU (passenger car unit) [traf.] *купе пассажирского вагона*
peak *высшая точка, максимум*
peak hour [traf.] *час наибольшей нагрузки, час пик*
peak hour factor (PHF) [traf.] *коэффициент периода наибольшей нагрузки*
peak hour traffic [traf.] *интенсивность движения транспорта в период максимальной нагрузки, интенсивность движения транспорта в час пик*
peak hour volume [traf.] *напряженность движения транспорта в период максимальной нагрузки*
peak period traffic *интенсивность движения транспорт в период максимальной нагрузки*
peak time [traf.] *период пиковой нагрузки*
peak traffic *интенсивность движения транспорта в период максимальной нагрузки*
peak traffic volume *напряженность движения в период максимальной нагрузки*
pedal (vb.) *нажимать на педаль*
pedal (adj.) *ножной, педальный*
pedal control *педальное управление*
pedal crank *кривошип педали (велосипеда)*
pedal crank (pedal drive) *педаль для запуска и движения*
pedal switch *педальный переключатель*
pedal travel [auto] *ход педали*
pedal wheel *зубчатое колесо педали*
pedestal *подушка, стойка*
pedestal bearing *опорный подшипник*
pedestrian *пешеход*
pedestrian-actuated signal *сигнал, срабатывающий при появлении пешеходов*
pedestrian and vehicular segregation *разделение потока пешеходов и автотранспорта*
pedestrian area *пешеходная зона*
pedestrian bridge *пешеходный мост*
pedestrian controlled truck *грузовая тележка, управляемая рядом идущим водителем*
pedestrian crossing *пешеходный переход*
pedestrian crossing lights *светофор на пешеходном переходе*
pedestrian deck *настил для пешеходов*
pedestrian detector *детектор пешеходов (на перекрестке)*
pedestrianization *запрещение автомобильного движения в определенном районе города, создание пешеходной зоны*
pedestrian overpass (US) *пешеходный мост*

pedestrian path *пешеходная дорожка*
pedestrian push button *кнопка включения зеленого сигнала светофора для пешеходов*
pedestrian road *улица, закрытая для автотранспорта*
pedestrian signal *светофор на пешеходном переходе*
pedestrian street *улица, закрытая для автотранспорта*
pedestrian traffic *движение пешеходов*
pedestrian underpass *подземный переход*
pedestrian zone *пешеходная зона*
peen hammer [tool] *слесарный молоток*
peg *шпилька, штифт*
peg-shaped *конической формы*
pellicle *тонкая пленка*
penalty *наказание, штраф*
pendant *подвеска*
pendant cord *подвесной шнур*
pendant fitting *подвеска для лампы, подвесной светильник*
pendular *с маятниковой подвеской*
pendulous *маятниковый, с маятниковой подвеской*
pendulum *маятник*
pendulum bob *чечевица маятника*
pendulum governor *маятниковый регулятор*
pendulum lock *стопор маятника*
penning [road] *устройство каменного основания*
percentage *процент, процентное отношение, процентное содержание*
perfect (vb.) *совершенствовать, улучшать*
perfect (adj.) *идеальный, совершенный, точный*
perfect combustion *полное сгорание*
perforation *отверстие*
perform (vb.) *выполнять, делать, исполнять, производить*
performance *выполнение (операции)*
performance characteristics *эксплуатационные характеристики*
performance index *коэффициент полезного действия*
performance number (PN) *октановое число (бензина)*
performance per litre *литровая мощность (двигателя)*
period *промежуток времени, цикл*
periodic check *регулярная проверка*
period of heat *период нагрева*
peripheral cam *дисковый кулачок*
permanent coupling *глухая муфта, жесткое сцепление*
permanent distortion strain *остаточная деформация*
permanent extension *остаточное растяжение*
permanent link *неразъемное соединение*
permeable *негерметичный*
permeation *просачивание*

PER

permissible concentration *допустимая концентрация*
permissible deviation *допустимое отклонение*
permissible tolerance *допустимая погрешность*
permissible variation *допуск, допустимая погрешность, допустимое отклонение*
permissible wear *допустимый износ*
permission *разрешение*
permit *пропуск*
permitted deviation *допустимое отклонение*
perpetual screw *шнек*
personal *личный*
personal transport *личный транспорт*
perspiration water *конденсат*
per thousand *на тысячу*
perturbation *отклонение от нормы, помеха*
pervious coated macadam [road] *дренажное асфальтовое покрытие*
petroil lubrication *масло из нефти смешанного основания*
petrol (UK) *бензин*
petrol consumption (UK) *потребление бензина*
petrol engine (UK) *бензиновый двигатель*
petrol injection (UK) *впрыск бензина*
petrol-powered *бензиновый*
petrol-powered (UK) *работающий на бензине*
petrol pump (UK) [motor] *бензонасос*
petrol separator (UK) *бензоотстойник, бензоочиститель, бензофильтр*
petrol service station attendant (UK) *оператор бензоколонки, оператор топливозаправочной станции*
petrol station (UK) *бензоколонка, топливозаправочная станция, топливозаправочный пункт*
petrol tank *бензобак*
petrol tank (UK) *бензобак, резервуар для бензина, цистерна для перевозки бензина*
petrol tin (UK) *канистра для бензина*
petrol trap (UK) *бензиновый сепаратор, газобензиновая ловушка*
petrol vapour (UK) *пары бензина*
phasing diagram [traf.] *фазовая диаграмма*
phial *контейнер для жидкостей, пузырек, флакон*
Phillips screw *винт с крестовым шлицем*
Phillips screwdriver *крестообразная отвертка*
physical form *внешний вид*
physical injury *рана, травма*
physical plan *план местности*
physician *врач, доктор*
picking *разборка, сортировка*

PIC

pick up (vb.) *подбирать, поднимать, собирать*
pick up signal (vb.) *выходной сигнал датчика*
pick up speed (vb.) *набирать скорость*
pick-up van *грузовой автомобиль на легковом шасси, пикап*
piece *деталь, кусок, обрабатываемое изделие, часть, штука*
piece together (vb.) *собирать, соединять*
pier *опора, пилон, стойка, столб*
pierce (vb.) *перфорировать, пробуравливать, прокалывать, просверливать, протыкать*
pierced disc *диск с отверстиями*
pierced work *перфорированная конструкция*
piercer *бородок, бурав, пробойник, шило*
piercing *перфорация, пробивка (отверстий), прошивка*
pig *болванка, брусок*
piggyback *перевозка автоприцепов с грузами автомобильным транспортом, перевозка автоприцепов с грузами железнодорожным транспортом*
piggyback control *автоматическое регулирование напряжения*
piggyback transport [traf.] *перевозка автоприцепов с грузами автомобильным транспортом*
pig iron *чугун*
pigtail *короткий кусок шланга*
pillar *колонна, мачта, опора, пилон, стойка, столб*
pillion footrest (footrest) *подножка мотоцикла*
pillion seat *заднее сиденье мотоцикла*
pillow *вкладыш, подкладка, подушка*
pillow block *вкладыш опорного подшипника, опорный подшипник, промежуточная опора (карданной передачи)*
pilot *контрольная жила, контрольная лампа, направляющее устройство, сигнальная лампа*
pilot bearing [auto] *направляющая опора; подшипник направляющей цапфы, подшипник направляющей шейки*
pilot bushing *направляющая втулка*
pilot jet *вспомогательный жиклер;* [motor] *жиклер холостого хода*
pilot lamp *контрольная лампа, сигнальная лампа*
pilot light *буферный фонарь*
pilot lot *опытная партия (изделий)*
pilot model *опытный образец*
pilot nozzle *вспомогательный жиклер;* [motor] *жиклер холостого хода*
pilot pin *оправка*
pilot test *контрольный тест*
pilot valve *управляющий клапан, управляющий пневмоклапан*
pin *ось, цапфа, шкворень, шпилька, шплинт, штифт, штырек*
pin (vb.) *зашплинтовывать, заштифтовывать, прикалывать, скреплять*

PIN

pin bearing   *шарнирно-неподвижная опора*
pinboard   *коммутационная панель*
pin bolt   *чека*
pincers   *клещи, пинцет, щипцы*
pincette   *пинцет*
pinch (vb.)   *сдавливать, сжимать*
pinchers   *вмятины*
pinch nut   *контргайка*
pinch-off   *скручивание*
pin connection   *штырьковое соединение*
pin coupling   *втулочно-пальцевая муфта*
pin for connecting rod   [motor] *палец шатуна*
ping   *детонация (в двигателе внутреннего сгорания*
pin header   *штифтовая головка*
pin hinge   *ось*
pinhole   *прокол*
pinholing   *ноздреватость (дефект лакокрасочного покрытия)*
pinion   *ведущая шестерня (главной передачи автомобиля), шестерня*
pinion cage   [gear] *водило сателлитов; чашка дифференциала*
pinion drive   *шестеренная передача, шестеренчатый привод*
pinion gear   *ведущая шестерня (главной передачи автомобиля)*
pin joint   *шарнир, штифтовое соединение*
pink (vb.)   *работать с детонацией (о двигателе), стучать (о двигателе)*
pinking   *детонация (в двигателе внутреннего сгорания)*
pink out (vb.)   *рассверливать, растачивать*
pintle chain   *втулочная цепь*
pin wrench   [tool] *крючковый гаечный ключ со штифтом*
pipe   *труба, трубка*
pipe bracket   *кронштейн для подвески трубы*
pipe branch   *патрубок*
pipe break   *разрыв трубы*
pipe bungle   *пучок труб*
pipe burst   *разрыв трубы*
pipe clamp   *хомут для труб*
pipe culvert   [road] *водопропускная труба под насыпью*
pipe defect   *повреждение трубы*
pipe diameter   *диаметр трубы*
pipe elbow   *колено трубы*
pipe end   *конец трубы*
pipe hanger   *хомут для крепления труб*
pipe holder   *кронштейн для подвески труб*
pipe socket   *патрубок, штуцер*
pipe stub   *патрубок, штуцер*
piston   *поршень*
piston barrel   *поршневой блок*

piston capacity литраж *(двигателя внутреннего сгорания)*; [motor] *рабочий объем цилиндра*
piston clearance *зазор поршня*
piston compressor *поршневой компрессор*
piston cross-head *крейцкопф*
piston displacement [motor] *объем, проходимый поршнем за один ход; рабочий объем цилиндра*
piston engine *поршневой двигатель*
piston head *днище поршня*
piston knock *перебой в работе двигателя, работа двигателя с детонацией*
piston load *нагрузка на поршень*
piston pin *поршневой палец;* [motor] *штифт поршня*
piston pin (US) *поршневой палец*
piston plunger *шток поршня*
piston pressure *давление на поршень*
piston pump *плунжерный насос, поршневой насос*
piston ring [motor] *поршневое кольцо*
piston rod *поршневой шток, шатун, шток плунжера;* [motor] *шток плунжера*
piston rod gland *сальник штока плунжера*
piston skirt *юбка поршня*
piston stroke [motor] *ход поршня*
piston with piston rings and oil scraper ring
        [motor] *поршень с поршневым кольцом и маслосъемным кольцом*
pit *выемка, изъязвление*
pitch *шаг резьбы*
pitch circle [gear] *начальная окружность (зубчатого колеса), окружность центров отверстий*
pitch-grouted macadam [road] *щебеночное покрытие*
pitching [road] *устройство каменного основания*
pitching stones [road] *каменное основание*
pitch surface [gear] *начальная поверхность (зубчатого колеса)*
pitman [motor] *рулевая сошка*
pitman arm *рулевая сошка;* [auto] *рулевая сошка*
pivot *осевой стержень, ось вращения, точка опоры, центр вращения, шарнир, шкворень*
pivot (vb.) *вращаться*
pivotal *вращающийся, поворотный*
pivot bearing *шарнирная опора*
pivot bridge *разводной мост*
pivoting device *шарнирное устройство*
pivot pin *ось шарнира, палец шарнира*
pivot point *центр вращения*
pivot rest *шарнирная опора*
pivot steer *рулевой механизм*
pivot suspension [tech.] *шарнирная подвеска*

PLA

placard *табличка*
place [road] *место, населенный пункт*
place identification sign [road] *указатель названия населенного пункта*
place name *географическое название*
plain bearing *подшипник скольжения*
plain tread tyre *шина с гладким протектором*
plait *сгиб*
plan *диаграмма, схема, чертеж*
plan drawing *чертеж в горизонтальной проекции*
plane of action [gear] *плоскость зацепления*
plane tyre *шина с гладким протектором*
plane view *вид в плане, вид сверху*
planishing hammer *молоток с округленным бойком*
planishing tool *правильный инструмент, рихтовочный инструмент*
planned obsolescence [tech.] *запланированное устаревание (изделий)*
planted moulding *накладная декоративная планка*
plan view *вид сверху, схема расположения*
plastic *пластик, пластмасса*
plastic (adj.) *пластический, пластичный*
plat *план, принципиальная схема*
plate cam *дисковый кулачок*
plate clutch *дисковая муфта, дисковое сцепление, пластинчатая муфта*
plate coupling [auto] *дисковая муфта*
platform (body) [auto] *платформа*
platform lift-truck *автопогрузчик*
platform lorry (UK) *грузовой автомобиль с безбортовой платформой*
platform of bridge *проезжая часть моста*
platform truck *автопогрузчик*
platform truck (US) *грузовой автомобиль с безбортовой платформой*
play *зазор, люфт, свободный ход*
plenum *вентиляционная камера, область повышенного давления*
pliable *гибкий, ковкий*
plug *вилочный контакт, заглушка, запальная свеча, затычка, пробка, разъем*
plug (vb.) *заглушать, затыкать отверстие*
plug and socket connection *штепсельный разъем*
plug containing neutral *разъем с подключением нейтрали*
plug hole *отверстие под пробку*
plug-in socket *штепсельное гнездо*
plug receptacle (US) *штепсельное гнездо*
plug socket *гнездо разъема*

plug tap [tool] *чистовой метчик*
plume *видимый контур выхлопных газов (выходящих из глушителя), струя, шлейф*
plummer block *корпус подшипника*
plunger [motor] *плунжер, поршень*
plunger pump *плунжерный насос*
plunger ring [motor] *поршневое уплотнительное кольцо*
plunger valve *поршневой клапан*
plus *положительный полюс*
ply rating *норма слойности (шины)*
PN (performance number) *октановое число (бензина)*
pneumatically operated *пневматический, с пневмоприводом*
pneumatically operated hand tool *пневматический ручной инструмент*
pneumatic beetle [road] *пневматическая трамбовка*
pneumatic brake *пневматический тормоз*
pneumatic hammer [road] *пневматический отбойный молоток*
pneumatic rammer [road] *пневматическая трамбовка*
pneumatic servo-steering [auto] *пневматическое сервоуправление*
pneumatic shock absorber *пневматический амортизатор*
pneumatic spring [auto] *пневматическая рессора*
pneumatic thruster *пневматический цилиндр, пневмоцилиндр*
pneumatic transmission *пневмоуправляемая трансмиссия*
pneumatic transport *пневматический транспорт, пневмотранспорт*
pneumatic tyre *пневматическая шина*
pneumatic-tyred roller *пневмоколесный дорожный каток*
pneumatic-tyred tractor *пневмоколесный трактор*
pneumatic-tyred train set *автомобильный поезд на пневматических шинах*
pneumatic-tyred wheel *колесо с пневматической шиной*
pneumatic valve *пневматический клапан*
pocket *выемка, гнездо, паз, углубление*
pocket hole *глухое отверстие*
point *острый конец, точка, щуп*
point chisel [tool] *кузнечное зубило*
pointed chisel [tool] *кузнечное зубило*
pointing depth [gear] *глубина заострения*
point interference [gear] *неправильное зацепление зубчатых колес*
point of control *контрольное значение регулируемой величины*
point of engagement [gear] *точка входа в зацепление; точка контакта*; [gear] *точка линии зацепления*
point of support *точка опоры*
point of suspension *точка подвески*
point of tangent *точка касания*

POI

point welding точечная сварка
pole рейка, фонарный столб
polish воск, лак, полирование, политура, шлифование
polish (vb.) полировать, шлифовать
polished блестящий, гладкий, полированный, шлифованный
polish up (vb.) шлифовать
pollution by gases загрязнение газами
pollution by liquids загрязнение жидкостями
pollution-free незагрязненный, незагрязняющий
pollution-inhibiting предохраняющий от загрязнения
pollution resistant стойкий к загрязнению
pollution restricting equipment оборудование, ограничивающее загрязнение
pontoon bridge понтонный мост
poor бедный, недостаточный, слабый
poor fumes токсичные дымы
poor mixture [motor] бедная смесь
pop-out выступ
pop-out headlight выступающие головные фары автомобиля
poppet тарелка (клапана), тарельчатый клапан
popping выпуск газа в атмосферу
pop valve пружинный клапан
port канал, окно, отверстие, прорезь, проход
portability взаимозаменяемость
portable передвижной, переносной, портативный, разборный, транспортабельный
portable drill [tool] ручная дрель
port engine двигатель с золотниковым газораспределением, золотниковый двигатель
position место, местоположение, позиция, положение, расположение
position (vb.) помещать, размещать, устанавливать
position, in на месте
position control позиционное регулирование, регулирование по положению
positioner позиционер, установочное устройство, юстировочное устройство
positioning action регулирование по отклонению
positioning dowel контрольный штифт, установочная шпилька
position of controller установка заданного значения регулируемой величины
position of joint место соединения
position of rest положение покоя
positive allowance зазор; [tech.] положительный допуск
positive camber [auto] положительный развал колес
positive displacement pump поршневой насос

POS

positive ignition [motor] *принудительное воспламенение*
positive locking *принудительная блокировка*
possible connection *возможность подключения*
post-cure inflation *накачивание шины непосредственно после вулканизации и охлаждение под давлением*
postern *боковая дверь, задняя дверь*
post-ignition [motor] *позднее зажигание*
post-ignition time [motor] *время позднего зажигания*
pothole *выбоина;* [road] *рытвина*
pound (lb.) *фунт (453,6 г)*
pouring hole *сливное отверстие*
pour point depressant *депрессорная присадка, понижающая температуру застывания масла*
power air *сжатый воздух*
power amplifier *усилитель мощности*
power assisted steering [auto] *сервоуправление*
power brake *динамометрический тормоз, механический тормоз*
power collection system [traf.] *токоприемник*
power distributor *распределительная коробка*
power driven *с механическим приводом*
powered by gas engine (US) *с приводом от бензинового двигателя*
powered by petrol engine (UK) *с приводом от бензинового двигателя*
power gas *топливный газ*
power gas engine *газовый двигатель*
power kerosine *высокооктановый керосин для карбюраторных двигателей, тракторный керосин*
power navvy (US) *одноковшовый экскаватор*
power of cohesion *сила сцепления*
power off *двигатель выключен, с выключенным двигателем*
power off-condition *выключение напряжения сети*
power on *питание включено*
power on (PON) *двигатель включен*
power-operated *с механическим приводом*
power output *мощность на выходном валу двигателя, мощность, снимаемая с двигателя, отдаваемая мощность, производимая мощность, развиваемая мощность*
power shaft [auto] *приводной вал*
power steering [auto] *рулевой привод с усилителем*
power stroke *рабочий такт;* [motor] *рабочий ход*
power switch *выключатель питания*
practicable [road] *проезжий*
practical capacity [traf.] *фактическая производственная мощность*
practical capacity (UK) [traf.] *фактическая производительность, фактическая пропускная способность*

practical capacity under rural conditions
[traf.] *фактическая мощность в условиях сельской местности*
practical capacity under urban conditions
[traf.] *фактическая мощность в условиях города*
precautionary measure *мера предосторожности*
prechamber [motor] *предкамера; форкамера*
prechamber engine *форкамерный двигатель*
prechill (vb.) *предварительно охлаждать*
precise *точный*
precise adjustment *точная регулировка*
precision feeler gauge *прецизионный калибр для измерения зазоров, прецизионный рычажный прибор для контроля линейных размеров, прецизионный щуп для измерения зазоров*
precleaner *фильтр предварительной очистки*
preclude (vb.) *предотвращать*
pre-coated chippings [road] *предварительно обработанная битумом каменная мелочь*
pre-coated material [road] *предварительно обработанные битумом материалы*
pre-coated penetration macadam [road] *щебеночное покрытие пропитанное вяжущими материалами*
precombustion [motor] *предкамерное сгорание*
precombustion chamber [motor] *предкамера; форкамера*
precombustion chamber engine *форкамерный двигатель*
predict (vb.) *упреждать*
prefilter *фильтр предварительной (грубой) очистки*
preformed joint filler *готовый материал для заполнения швов (герметик)*
preheater *подогреватель*
preheating *подогрев, предварительный нагрев*
preheat lamp [motor] *лампа подогрева*
prehension arm *захватывающий рычаг*
preignition [motor] *преждевременная вспышка*
preinjection [motor] *преждевременный впрыск, ранний впрыск*
preliminary filter *фильтр предварительной (грубой) очистки*
premium grade gasoline (US) *бензин с октановым числом не менее 87,2 (по моторному методу)*
prepare (vb.) *обрабатывать, подготавливать, предварительно очищать, приготавливать*
presence detector [traf.] *детектор присутствия (автомобиля на магистрали)*
presence loop [traf.] *детектор присутствия (автомобиля на магистрали)*
preset tolerance *заданный допуск*
press (vb.) *давить, нажимать, прессовать, прижимать*
press button *нажимная кнопка*
press button control *кнопочное управление*

presser *лапка*
presser foot *прижимная лапка*
press filter *фильтр, работающий под давлением*
pressing *обжатие, прессование, прессовка*
pressing power *давление сжатия, усилие прессования*
pressing screw *нажимной винт*
pression *давление, прессование, сжатие*
press mould [tech.] *пресс-форма*
press-on bush *нажимная втулка*
press plate *нажимной диск (сцепления)*
press roll *прижимной ролик*
press roller *компрессионный ролик, прижимной валик*
press-screw *нажимной винт*
pressure *давление, напор, сжатие, усилие сжатия*
pressure air *сжатый воздух*
pressure angle [gear] *угол профиля*
pressure ball *упорный шариковый подшипник*
pressure control valve *клапан регулировки давления*
pressure drag *гидродинамическое сопротивление, сопротивление давления*
pressure drop *падение давления, перепад давления*
pressure feed *подача под давлением*
pressure feed lubrication *принудительная смазка, смазка под давлением*
pressure indicator *указатель давления*
pressure injection [motor] *впрыскивание под давлением*
pressure in pneumatic tyres *давление в пневматических шинах*
pressure lever *нажимной рычаг*
pressure-limiting valve *ограничитель давления (в тормозной системе)*
pressure loss *потеря давления*
pressure lubricated *с принудительной смазкой*
pressure lubricated bearing *подшипник с принудительной смазкой*
pressure lubrication *принудительная смазка, смазка под давлением*
pressure marking *пломбирование*
pressure piston *гидравлический поршень, пневматический поршень*
pressure plate *нажимная пластина, нажимной диск (сцепления)*
pressure ram *пневмоцилиндр*
pressure ratio [motor] *отношение давлений, плунжер пневмоцилиндра*
pressure reducing valve *редукционный клапан*
pressure regulating valve *клапан регулирования давления*

PRE

pressure regulator *регулятор давления*
pressure release valve *клапан сброса давления, предохранительный клапан*
pressure relief valve *клапан сброса давления, предохранительный клапан*
pressure rod *нажимной рычаг*
pressure roller *прижимной ролик*
pressure screw *прижимной винт*
pressure seal *сальник*
pressure sealed *герметизированный*
pressure sensing element *датчик давления*
pressure sensitive *самоклеющийся*
pressure sensitive adhesive *контактный клей, самоклеющаяся пленка, самоклеющийся материал*
pressure sensitive film *самоклеющаяся пленка*
pressure sensitive label *самоклеющаяся этикетка*
pressure sensor *датчик давления*
pressure spring *нажимная пружина*
pressure switch *датчик давления (масла)*
pressure transformer [tech.] *силовой трансформатор*
pressure valve *запорный (нагнетательный) клапан*
prestressed glass *закаленное стекло*
pre-timed signal [traf.] *сигнал светофора с постоянной программой*
prevailing torque developed by a nut *преобладающее значение крутящего момента, развиваемого гайкой*
prevailing torque element *элемент с преобладающим значением крутящего момента*
prevailing torque type nut *контргайка*
prevent (vb.) *предотвращать, предохранять, предупреждать*
prevention *предупредительная мера*
preventive *профилактический*
preventive control *профилактический контроль, профилактический осмотр*
preventive maintenance *профилактический (планово-предупредительный) ремонт*
preventive maintenance (PM) *профилактическое обслуживание*
price *цена*
price list *прайс-лист, прейскурант*
prick *прокол;* [tool] *шило*
prick (vb.) *прокалывать*
pricker [tool] *шило*
primary (adj.) *первичный*
primary circuit *цепь низкого напряжения (системы зажигания)*
primary collision [traf.] *первичное столкновение*

primary distribution feeder первичный распределительный фидер
primary distributor автомагистраль, магистральная дорога
primary filter фильтр предварительной очистки
primary fuel cell первичный топливный элемент
primary refining грубая очистка
primary road магистральная дорога
primary shaft ведущий вал, приводной вал
primary valve всасывающий клапан
prime (vb.) всасывать
prime cost себестоимость
prime mover первичный двигатель, пусковой двигатель, тягач
primer воспламенитель
priming coat грунтовочная краска, первый покрывной слой
priming pump топливный (впрыскивающий) насос
principal главный лонжерон
principal (adj.) ведущий, главный, основной
principal axis главная ось
principal beam главный лонжерон, насадка
principal street главная улица
priority road дорога первостепенного значения, магистраль
privately owned road дорога частного пользования
private transport личный транспорт
privilege привилегия
probe контактная измерительная головка
processing capacity пропускная способность
Proctor density [road] плотность по Проктору
production изготовление, производство
production car серийно выпускаемый автомобиль
production costs себестоимость
production number серийный номер изделия
product nonconformity несоответствие изделия техническим условиям
product of combustion продукт сгорания
product specification технические характеристики изделия
profile вертикальный разрез, контур, сечение
profile departure отклонение от заданного профиля
profile depth глубина профиля
profiled road strip профилированная полоса дороги
profile in the normal plane нормальный профиль
programmable timer программируемый таймер
progression speed (of the green wave) [traf.] скорость продвижения (зеленой волны)
progressive ratio передаточное отношение, передаточное число
progressive system [traf.] система зеленой волны
prohibit (vb.) запрещать, мешать, препятствовать

PRO

prohibitory line [road] *граница зоны запрета*
prohibitory sign *запрещающий дорожный знак*
projection *выступ, выступающая часть*
prominent *выпуклый, выступающий*
propeller *вертушка, крыльчатка (вертушки)*
propeller fan *лопастной вентилятор*
propeller pump *осевой насос*
propeller shaft [auto] *вал воздушного винта*
propelling machinery *приводной механизм*
property *характеристика*
proper weight *собственная масса*
proportion *отношение, пропорция, соотношение*
proportion (vb.) *дозировать, подбирать состав смеси*
proportioning *дозирование, дозировка*
proprietor *владелец*
propulsion *тяга, тяговое усилие*
propulsive *сообщающий поступательное движение*
pro rata *в соответствии*
protect (vb.) *защищать, охранять, предохранять*
protected level crossing [road] *огражденный перекресток*
protecting (adj.) *защитный*
protecting coating of paint *защитное лакокрасочное покрытие*
protecting cover *защитный кожух, щиток*
protecting tube *предохранительная трубка*
protective cap *предохранительный колпак*
protective clothing *защитная одежда, спецодежда*
protective coating *защитное покрытие*
protective eyewear *защитные очки*
protective glass *защитное (предохранительное) стекло*
protective glazing *защитное (предохранительное) стекло*
protective gloves *защитные перчатки, защитные рукавицы*
protective goggles *защитные очки*
protective helmet *защитный шлем*
protective hood *защитная крышка*
protective measure *мера предосторожности*
protective motor switch *защитный выключатель двигателя*
protective suit *спецкостюм*
protective treatment *профилактика*
protector *протектор*
protocol *протокол*
prototype model *опытная модель, опытный образец*
prototype test *испытания опытного образца*
protuberance *выступ, свес*
provide service (vb.) *производить обслуживание*
PRT (personal rapid transit) [traf.] *система скоростных пассажирских перевозок*

PRY

pry (vb.) *поднимать при помощи рычага*
public address car *автомобиль с громкоговорителем*
public green space *парковая зеленая зона*
public lighting *уличное освещение*
public road *дорога общего пользования*
public thoroughfare *дорога общего пользования*
public transport *коммунальный транспорт, общественный транспорт*
pull *тяга*
pull-back ram *возвратная штанга*
pull down (vb.) *демонтировать, разбирать*
puller *выталкиватель, натяжной ролик, съемник*
pulley *блок, ролик, шкив*
pull eye bolt *болт-съемник с проушиной, откидной болт-съемник*
pulley rim *обод шкива*
pulley wheel *приводной ременный шкив*
pulley with projections on the rim *шкив с выступами на ободе*
pulling *натяжение*
pulling ability *тяговая способность*
pulling bolt *болт-съемник*
pulling down *демонтаж*
pulling strap *натяжной ремень*
pull off (vb.) *снимать*
pull of the belt *натяжение ремня*
pull out (vb.) *вытягивать, извлекать*
pull-out (adj.) *выдвижной, вытяжной*
pull ring *натяжное кольцо*
pull roll *тянущий валик*
pull the brake (vb.) *нажимать тормоз*
pull up (vb.) [auto] *вырывать с корнем*
pull-up torque [motor] *минимальный пусковой момент*
pump *насос*
pump (vb.) *качать*
pumpback reflux *рециркуляция*
pump capacity *подача насоса*
pump case *корпус насоса*
pump chamber *камера насоса*
pump characteristics *характеристики насоса*
pump filter *фильтр насоса*
pump fluid *рабочая жидкость насоса*
pump head *высота напора*
pump house *корпус насоса*
pump housing *корпус насоса*
pumping *нагнетание, накачивание*
pumping action *работа насоса*

PUM

pumping capacity   *подача насоса*
pump injection   *бескомпрессорная инжекция, механическое распыление*
pump lubrication   *принудительная смазка, смазка под давлением*
pump motor   *привод насоса*
pump neck   *шейка насоса (для захвата ловильным инструментом)*
pump nozzle   [auto] *насадка насоса*
pump out (vb.)   *откачивать*
pump output   *мощность насоса*
pump plunger   *плунжер насоса*
pump rating   *номинальная мощность насоса*
pump rod   *шток плунжера, шток поршня*
pump start   *начало работы насоса*
pump stop   *остановка насоса*
pump water tender   *пожарный автомобиль с цистерной для воды*
punch   *кернер, пробойник*
punch (vb.)   *пробивать отверстия*
punched hole   *пробитое отверстие*
puncheon   *бородок, пробойник*; [tool] *пуансон*
puncher   *бородок, кернер*
purchase   *подъёмный механизм*
pure alcohol   *чистый спирт*
purge (vb.)   *очищать, продувать*
purge valve   *продувочный вентиль*
purification of exhaust gas   *очистка выхлопного газа*
purlin   *обрешетка, перекладина*
purr   *спокойная работа (двигателя)*
purr (vb.)   *ровная работа (двигателя)*
push   *толчок, удар*
push (vb.)   *толкать*
push back (vb.)   *отбрасывать*
push button   *нажатая кнопка, нажимная кнопка*
push-pull valve operation   *работа клапана в двухтактном режиме*
push rod   *нажимной рычаг*; [motor] *толкатель; шток толкателя*
PVC pipe   *полихлорвиниловая трубка*
pyramidal hub   *пирамидальная втулка*

Q

q (quality)   *качество*
q (quantity)   *количество*
QC (quality control)   *контроль качества*
QF (quality factor)   *фактор качества*
quad carburetor   *четырехкамерный карбюратор*
quadrant lever   *рычаг переключателя передач, установленный в рулевой колонке, рычаг с зубчатым сектором, рычаг, имеющий радиус поворота в 90 градусов*
qualification test   *проверка соответствия техническим условиям*
quantity (q)   *количество*
quantity of cut   [road] *объем (грунта) выемки*
quantity of fill   [road] *объем (грунта) насыпи*
quench   *теплоотвод в стенке камеры сгорания*
queue detector   [traf.] *реле фиксации (транспортного затора)*
quick (adj.)   *быстрый*
quick-burning fuse   *быстродействующий плавкий предохранитель*
quick change gear mechanism   *быстропереключаемая зубчатая передача*
quick detachable bolt   *быстросъемный болт*
quick exhaust air valve   *пневмоклапан быстрого выхлопа*
quiescent condition   *состояние покоя*
quiescent current   *ток холостого хода*
quiet   *бесшумный, неподвижный, неслышный, тихий*
quill   *пиноль, пустотелый вал*
quill shaft   *полая ось, полый вал*

R

rabbet *врубка, гнездо, паз, четверть, шпунт*
racing *набирание скорости;* [motor] *разгон*
racing car *гоночный автомобиль*
racing-style twin seat *двухместное сиденье мотоцикла спортивного стиля*
rack-and-pinion steering-gear [auto] *реечная зубчатая передача*
rack steering [auto] *реечное управление*
radar speed meter *радиолокационный измеритель скорости*
radial (adj.) *звездообразный, звездчатый*
radial angular contact ball bearing *радиально-упорный шариковый подшипник*
radial ball bearing *радиально-упорный шариковый подшипник*
radial bearing *радиально-упорный подшипник, радиальный подшипник*
radial engine *двигатель со звездообразно расположенными цилиндрами*
radial road *радиальная дорога (улица)*
radiate *звездообразный, звездчатый*
radiator cap [auto] *крышка радиатора*
radiator cover [auto] *чехол радиатора*
radiator filler cap [auto] *крышка радиатора*
radiator grille [auto] *решетка радиатора*
radiator mascot *эмблема на передней части капота автомобиля*
radius of turning (circle) [auto] *окружность поворота, радиус поворота*
radius rod [auto] *радиусная рейка (для штукатурных работ)*
rag bolt *заершенный болт*
rail-road system *система железнодорожных и автомобильных перевозок*
rail transport of road trailers *перевозка автомобильных прицепов по железной дороге*
raised cheese head [skrew] *выпуклая цилиндрическая головка*
raised cheese head screw *винт с выпуклой цилиндрической головкой*
raised countersunk head *полупотайная головка винта*
raised kerb [road] *выпуклый бордюр*
ramp [road] *съезд*
ranch wagon *грузопассажирский автомобиль*
rare mixture [motor] *бедная смесь*
rasp [tool] *рашпиль*
ratch [tool] *храповик*
ratchet [tool] *храповик; храповое колесо, храповый механизм*
ratchet and pawl *храповое колесо с собачкой, храповой механизм*

RAT

ratchet brace   *коловорот с трещоткой*
ratchet drill   *коловорот с трещоткой*
ratchet gear   *храповое колесо, храповой механизм*
ratchet handle   *съемная рукоятка с храповым механизмом для торцевых ключей*
ratchet lever   *храповой рычаг*
ratchet mechanism   *храповой механизм*
ratchet pawl   *стопорная защелка, храповая (стопорная) собачка*
ratchet screwdriver   *отвертка с храповым механизмом*
ratchet spanner   *гаечный ключ с трещоткой*
ratchet wheel   *храповик, храповое колесо*
ratchet wrench   *гаечный ключ с трещоткой*
rate adjustment   *регулировка (юстировка) частоты вращения (вала), регулировка скорости*
ratio of gearing   *передаточное отношение, передаточное число*
ratio of grade   *величина уклона дороги, коэффициент откоса*
ratio of inclination   *величина уклона дороги*
ratio of speeds   [auto] *отношение скоростей (ведущего и ведомого элементов)*
ratio of transmission   *передаточное число коробки передач*
ratio of water runoff   [road] *коэффициент стока*
rat-tail (file)   [tool] *тонкий напильник*
reach truck   *грузовой автомобиль для дальних перевозок*
reaction distance   [auto] *продолжительность реакции*
reaction time   [auto] *продолжительность реакции*
reamed hole   *развернутое отверстие*
rear axle   [auto] *задний мост, задняя ось*
rear-axle assembly   [auto] *задний мост и коробка передач в сборе*
rear-axle casing   [auto] *картер заднего моста*
rear-axle housing   [auto] *картер заднего моста*
rear-axle tube   [auto] *труба полуоси заднего моста*
rear compartment   [auto] *багажник*
rear door (tailgate)   *задняя (хвостовая) дверь*
rear drive   *главная передача;* [auto] *передача в заднем мосте*
rear drum brake   *задний тормозной барабан*
rear-end collision   *наезд на заднюю часть движущегося впереди автомобиля, столкновение автомобилей при движении задним ходом*
rear engine   *двигатель задней установки (в автомобиле)*
rear indicator (indicator lights)   *задний фонарь (указатели остановки, маневра, габаритов)*
rear lamp   [auto] *задний фонарь*
rear light   [auto] *задний фонарь*
rear mirror   [auto] *зеркало заднего вида*
rear motor   *двигатель задней установки (в автомобиле)*
rear seat   [auto] *заднее сиденье*

REA

rear seat belt [auto] *предохранительный ремень заднего сиденья*
rear suspension [auto] *задняя подвеска*
rear tow-hook [auto] *задний крюк для крепления буксирного троса*
rear trunk [auto] *багажное отделение*
rear-view mirror [auto] *зеркало заднего вида*
rear-vision mirror [auto] *зеркало заднего вида*
rear wheel [auto] *заднее колесо*
rear-wheel brake [auto] *тормоз заднего колеса*
rear-wheel drive *передача на задние колеса;* [auto] *привод на задние колеса*
rear window [auto] *заднее окно*
rear window wiper [auto] *стеклоочиститель заднего окна*
rear wing *заднее крыло*
recapping *восстанавливать беговую дорожку протектора*
receiver *расширительный бачок (автомобильного кондиционера)*
recessed head screw *винт с крестообразным шлицем*
recessed head screwdriver *крестообразная отвертка*
recessed screw *винт с крестообразным шлицем*
recessed screw head *головка винта с крестообразным шлицем*
rechargiable accumulator *восстанавливаемый аккумулятор, перезаряжающийся аккумулятор*
reciprocating *возвратно-поступательный*
recommended speed *рекомендуемая скорость*
rectangular key *шпонка на лыске*
recut (vb.) *вторично нарезать резьбу*
red light [traf.] *красный свет*
red phase [traf.] *фаза красного сигнала*
reducing gear *понижающая передача, редуктор*
reducing nipple *переходный (редукционный) ниппель*
reducing pipe-joint *переходная втулка*
reducing sleeve *переходная втулка, переходной патрубок, редукционная муфта*
reducing socket *переходная муфта, переходной патрубок*
reducing valve *редукционный клапан*
reduction gear *замедляющая передача, понижающая передача, редуктор*
reduction gear ratio *передаточное число при редуцировании*
reduction ratio *передаточное отношение, передаточное число*
reefer (US) *авторефрижератор*
reference circle [gear] *базовая окружность (для измерения профиля)*
reference diameter [gear] *делительный диаметр (зубчатого колеса)*
refit (vb.) *восстанавливать, устанавливать на прежнее место*
reflective *отражательный, отражающий, отраженный, рефлективный*

REF

reflective stud *светоотражающий дорожный столбик, столбик с катафотами*
reflective tag *отражательный знак*
reflector lamp *зеркальная лампа, лампа с отражателем*
reflector stud *светоотражающий дорожный столбик, столбик с катафотами*
refrigerated van *авторефрижератор*
refuge [road] *островок безопасности*
refuse collection vehicle *автомобиль для вывозки мусора*
refuse collector *автомобиль для вывозки мусора*
refuse lorry *грузовой автомобиль для вывозки мусора*
refuse removing truck *грузовой автомобиль для вывозки мусора*
registration number [auto] *регистрационный номер*
registration number survey *контроль регистрационных номеров (автомобилей)*
regulating automatically *автоматически регулирующийся*
regulating lever *регулировочный рычаг*
regulating screw *регулировочный (установочный) винт*
regulating valve *регулирующий клапан (распределитель)*
regulator of temperature *терморегулятор, термостат*
regulatory sign [traf.] *дорожный знак регулирования движения*
reheater *промежуточный пароперегреватель*
relative efficiency [motor] *относительный коэффициент полезного действия*
relay *переключатель*
relay actuator *реле*
relaying *релейная защита, установка релейной защиты*
release lever *рычаг выключения*
release the accelerator (vb.) [auto] *отпускать акселератор*
relief *спускное отверстие*
relief port *сливное отверстие*
relief road *дорога для разгрузки транспортных потоков, разгрузочная дорога*
relief valve *предохранительный клапан*
remetal a bearing (vb.) *заливать баббитом изношенный подшипник*
remoulding *повторное прессование*
removable side panel *съемная боковая панель*
removal prevailing torque *крутящий момент, исключающий ослабление (винта), крутящий момент, исключающий отвинчивание*
repair *ремонт*
repair directions *инструкция по устранению неисправностей*
repair instructions *инструкция по устранению неисправностей*
repair kit *комплект ремонтного инструмента и материалов*

repair materials [road] *материалы для ремонтных работ*
repair patch *ремонтная заплата*
repair tools *ремонтный инструмент*
repeater sign [road] *знак повторения*
rerolling safety belt [auto] *убирающийся предохранительный ремень*
rerouteing of traffic arteries *перепланирование транспортных артерий*
rerubber (vb.) *гуммировать повторно*
reservation [traf.] *резервирование*
resistance coefficient [auto] *коэффициент сопротивления*
resisting heat *термоустойчивый*
resistive distributor brush [auto] *щетка резистивного распределительного устройства*
resuperheater *промежуточный перегреватель*
resuperheating *промежуточный перегрев*
resurface (vb.) [road] *укладывать новую одежду поверх существующей*
retaining ring *предохранительное (стопорное) кольцо*
retaining washer *стопорная (предохранительная) шайба*
retap (vb.) *прогонять вновь метчиком (напр. изношенную гайку)*
retarded ignition *позднее зажигание*
rethread (vb.) *вновь нарезать резьбу, прогонять резьбу метчиком (плашкой)*
retractable mast [truck] *убирающаяся мачта (погрузчика)*
retracting headlight [auto] *убирающаяся фара*
retractor belt [auto] *убирающийся ремень безопасности*
retread *восстановленный протектор, протекторная заготовка для восстановления шины*
retread (vb.) *восстанавливать протектор*
retreading *восстановление протектора*
retro-car *ретро-автомобиль*
re-tyre (vb.) *менять шины*
reverse gear *зубчатое колесо обратного хода;* [auto] *реверсивная зубчатая передача*
reverse idler gear [auto] *промежуточное зубчатое колесо обратного хода*
reverse idler shaft [auto] *промежуточный вал обратного хода*
reverse lamp [auto] *задний фонарь*
reversible lane *полоса дороги с реверсивным движением*
reversing clutch *муфта включения заднего хода, реверсивная муфта*
reversing gear *зубчатое колесо обратного хода, реверсивная зубчатая передача*
reversing handle *рукоятка с переключением*
reversing lamp [auto] *задний фонарь*
reversing lever *рукоятка реверса, рычаг реверса, рычаг трензеля*

reversing shaft вал заднего хода, ось заднего хода
revolving table планшайба
rev up (vb.) дать газ, набирать скорость
RHD (right hand drive) правостороннее управление
    (автомобилем)
rich mixture [motor] богатая рабочая смесь
rider-seated [truck] с водителем
right flank [gear] правая боковая поверхность
right-hand drive (RHD) правостороннее управление
    (автомобилем)
right-hand screw винт с правой резьбой
right-hand screwing die плашка для нарезания правой резьбы
right-hand side [road] правая сторона
right-hand tap метчик правой резьбы
right-hand thread правая резьба
right-hand turn [road] правый поворот
right turn [road] правый поворот
right-turning traffic движение транспорта с правым
    поворотом
right-turn lane [road] полоса движения на правый поворот
rigid coupling жесткая муфта
rigid pavement [road] бетонное покрытие
rigid rotor жесткий несущий винт
rim (wheel rim) обод колеса
rim brake [cycle] тормоз, действующий на обод колеса
rim of flywheel обод маховика
rim of gear wheel обод зубчатого колеса, обод шестерни
rim of headlamp ободок фары
rim sprocket звездочка цепной передачи
ring gear кольцевое зубчатое колесо, эпициклическое зубчатое
    колесо
ring-lubricating bearing подшипник с кольцевой смазкой
ring-oiling bearing подшипник с кольцевой смазкой
ring piston [motor] кольцевой поршень
ring road кольцевая автодорога
ring spanner ключ для круглых гаек, накладной гаечный ключ
ripping [road] кирковка
rivet hole отверстие под заклепку
rivet nut заклепочная гайка
road дорога
roadability [auto] проходимость шины; управляемость
    автомобиля, устойчивость автомобиля в движении
road accident дорожное происшествие, дорожно-транспортное
    происшествие, несчастный случай на транспорте
road adherence сцепление с дорогой
road approach подъездная дорога
road area поверхность дороги (земляного полотна)

road base [road] *дорожное основание*
road bed [road] *полотно*
road block *дорожная пробка, затор движения, транспортный затор*
road-bound *передвигающийся только по дорогам;* [auto] *привязанный к дорогам*
road-bound vehicle *транспортное средство, привязанное к дорогам*
road breaker [road] *пневматический отбойный молоток*
road bridge *автодорожный мост*
road building *дорожное строительство, дорожные работы*
road-building machine *дорожная машина*
road-building material *материал для строительства дорог*
road bump *дорожный ухаб*
road capacity *пропускная способность дороги*
road carpet *поверхностный слой дорожного покрытия*
road centre *середина дороги*
road classification *классификация дорог*
road clearance [auto] *дорожный просвет*
road concrete mix [road] *асфальтобетонная смесь*
road construction *дорожная одежда, дорожное строительство, дорожные работы*
road construction material *дорожный материал, материал для строительства дорог*
road crossing *перекресток, пересечение дорог*
road curve *дорожный поворот*
road cut *разработка (выемка) грунта под дорогу*
road cutting *профиль дороги*
road engineering *дорожная техника*
road finisher *бетоноотделочная машина, финишер*
road finishing machine *бетоноотделочная машина, финишер*
road form *бортовая опалубка (для дорожного покрытия)*
road foundation [road] *основание*
road grader *грейдер*
road gravel *дорожный гравий*
road grip [auto] *сцепление с дорогой*
road gully [road] *водосток*
road haulage *грузовые перевозки по дорогам*
road havoc *разрушение дороги*
road holding [auto] *держание дороги; устойчивость движения автомобиля*
road-holding ability *курсовая устойчивость, способность к удержанию заданного курса*
road ice warning system *система предупреждения о гололеде на дороге*
road illumination *дорожное освещение*
road level [road] *земляное полотно*

ROA

road levelling [road] *планировка земляного полотна*
road line composition *краска для дорожно-маркировочных работ*
road link *соединение дорог*
road machine *дорожная машина*
road maintenance *содержание дорог*
road maker *дорожный рабочий*
road making *дорожное строительство, прокладка дорог*
road-making machine *дорожная машина*
road-making material *дорожный материал, материал для строительства дорог*
road man *дорожный рабочий*
road map *карта (схема) автомобильных дорог*
road marking [road] *разметка проезжей части; установка дорожных указателей*
road metal *дорожный щебень;* [road] *щебенка*
road metalling [road] *укладка щебеночного покрытия*
road network *дорожная сеть*
road pavement *дорожная одежда, дорожное покрытие*
road-rail bus *автовагон, рельсовый автобус*
road renovation *реконструкция (восстановление) дороги*
road resistance *сопротивление движению автомобиля, сопротивление качению колеса*
road roller *дорожный каток*
road safety *безопасность дорожного движения*
road salt *соль для дорог, сухая соль*
road scraper *скрепер*
roadside *обочина*
roadside ditch *кювет, придорожная канава*
roadside tree *придорожное дерево*
road sign *дорожный знак (указатель)*
road signs *дорожные указатели*
roadster [auto] *кузов типа родстер; родстер*
road structure *конструкция (структура) дорожной одежды*
road surface *дорожное покрытие, поверхностный слой дорожного покрытия, поверхность дороги, проезжая часть*
road surfacing *дорожная одежда, дорожное покрытие*
road sweepings *дорожный мусор*
road system *дорожная сеть*
road tank car *автоцистерна*
road tanker *автоцистерна*
road tar *гудрон, дорожный деготь*
road testing machine *дорожная испытательная машина*
road traffic *дорожное движение*
road traffic congestion *дорожная пробка, затор движения, транспортный затор*
road traffic noise *шум дорожного движения*

road traffic radar *радиолокационная установка для регулирования движения транспорта*
road train *автомобильный поезд, колонна автомобилей*
road transport *безрельсовый транспорт, дорожный транспорт*
road transportation *дорожные перевозки*
road tunnel *автомобильный туннель*
road user *участник дорожного движения*
road-user *автомобилист*
road user on foot *пешеход*
road vehicle *дорожное транспортное средство*
road verge *обочина*
roadway *дорожное полотно, мостовая, проезжая часть дороги*
roadway inlet [road] *водосток; дождеприемник*
roadway lighting *дорожное освещение*
roadway paving *дорожная одежда, дорожное покрытие*
roadway surfacing *дорожная одежда, дорожное покрытие*
road width *ширина дороги (проезжей части)*
road works *дорожные работы*
rock curb [road] *бордюрный камень*
rocker [motor] *балансир, коромысло*
rocker actuator *коромысло клапанного механизма*
rocker arm [motor] *качающийся рычаг, клапанное коромысло; коромысло, рычаг клапана*
rocker arm mounting *крепление клапанного коромысла*
rocking arm [motor] *коромысло*
rocking lever [motor] *качающийся рычаг*
rocking pier *качающийся устой на шарнирных опорах*
rocking pillar *качающийся устой на шарнирных опорах*
rocking stanchion *качающийся устой на шарнирных опорах*
rod baffle *отбойный диск поршневого насоса*
rod coupling *стержневая муфта*
roll (vb.) [road] *укатывать*
roll bar *защитная полая дуга-предохранитель, трубчатый каркас (предохраняющий водителя и пассажиров при переворачивании автомобиля)*
roller *валик;* [road] *каток*
roller bearing adapter *потолочная опора роликового подшипника*
roller brush [road] *вращающаяся щетка*
roller path *дорожка качения (подшипника)*
roller tappet [motor] *толкатель с роликом*
roller way *дорожка качения (подшипника)*
roll hoop [auto] *обруч катания*
roll in (vb.) [road] *укатывать*
rolling [road] *укатка*
rolling bearing *шариковый подшипник*
rolling circle [gear] *делительная окружность*

ROL

rolling load *нагрузка от колесных транспортных средств;* [road] *подвижная (колесная) нагрузка*
roof bow [auto] *опора крыши*
roof hood [auto] *складной верх кузова, фонарь кабины*
roof rack *багажник автомобиля, установленный на крыше*
root circle [gear] *окружность впадин зубьев (зубчатого колеса)*
root diameter *внутренний диаметр резьбы*
rooter [road] *кирковщик*
rooting [road] *выкорчевывание*
root radius [gear] *радиус впадины профиля резьбы*
root width of a tooth [gear] *ширина ножки зуба (зубчатого колеса)*
rotary actuator *привод вращательного движения, привод вращения*
rotary broom [road] *вращающаяся щетка*
rotary brush [road] *вращающаяся щетка*
rotary connection *вращающийся контакт*
rotary valve *поворотная заслонка, поворотный золотник, поворотный клапан, поворотный кран, шаровой затвор*
rotating joint *шарнир, шарнирное соединение*
rotation *вращение, чередование*
rotor [motor] *ротор*
rotor arm [auto] *ручка распределителя зажигания*
rotor of the distributor [auto] *ротор распределителя*
rough bed [road] *каменная наброска без сортировки камней*
rough terrain truck *грузовой автомобиль для эксплуатации в тяжелых дорожных условиях*
roundabout (UK) *кольцевая автотранспортная развязка*
roundabout intersection *кольцевая автотранспортная развязка*
rounded end *округленный конец винта*
round head *полукруглая головка винта*
round head bolt *болт с полукруглой головкой*
round-headed screw *винт с полукруглой головкой*
round nut *круглая гайка*
round nut with drilled holes in one face *круглая гайка с отверстиями, просверленными на одной грани*
round nut with set pin holes in side *круглая гайка с отверстиями под установочные штифты на одной стороне*
round thread *круглая резьба, резьба круглого сечения*
route section [road] *отрезок пути*
RPM (revolutions per minute) *число оборотов в минуту*
RPS (revolutions per second) *число оборотов в секунду*
rubber *каучук, резина*
rubber bearing *резиновый подшипник*
rubber connection *складывающийся при поворотах коридор, соединяющий два салона троллейбуса или автобуса, тамбур*

rubber cushion *резиновый амортизатор*
rubber cylinder *резино-кордный пневмобаллон*
rubber damper *амортизатор с резиновой подушкой*
rubber file *напильник квадратного сечения с грубой насечкой*
rubber gasket *резиновая прокладка, резиновое уплотнение*
rubber hose *резиновый шланг*
rubberized textile fabric [auto] *прорезиненная ткань*
rubber packing *резиновая прокладка, резиновое уплотнение*
rubber plug *резиновая пробка*
rubber profile *профиль бандажа колеса*
rubber repair material *ремонтный резиновый материал*
rubber ring *резиновое кольцо*
rubber shock absorber *резиновый амортизатор*
rubber spring *резиновый амортизатор*
rubber stopper *резиновая пробка*
rubber suspension *резиновая подвеска*
rubber tube *резиновый шланг*
rubber tyre (UK) *резиновая шина*
rubber-tyred roller [road] *пневмоколесный каток*
rubber-tyred vehicle *транспортное средство на резиновых шинах*
rubber washer *круглая резиновая прокладка*
rubber wheel *резиновое колесо*
rubble bedding [road] *щебеночное полотно*
rubble packing [road] *щебеночное полотно*
rudder angle indicator *рулевой указатель*
rudder indicator *рулевой указатель*
rule [tool] *линейка*
rumble strip [road] *профилированная обочина*
run [road] *пробег*
runabout *легковой малолитражный автомобиль;* [auto] *разъездной катер*
run a red light [traf.] *ехать на красный свет*
run idle (vb.) [motor] *вращаться вхолостую, двигаться без нагрузки*
run in (vb.) *вливаться;* [motor] *прирабатываться*
run into [auto] *наезжать, сталкиваться*
run light *двигаться с малой скоростью*
run light (vb.) [motor] *вращаться с малой нагрузкой*
runner *бегунок, ползун, ползунок, распределительный канал, резьба*
running *движение, езда*
running board [auto] *площадка для обслуживания оборудования*
running fit *подвижная (ходовая) посадка*
running gear [auto] *ходовая часть*
running-in [motor] *приработка*
running plate [auto] *подножка*
run out of petrol [auto] *перекачивать нефть*

RUN

run up (vb.) *набирать скорость*
run with gear thrown out [auto] *ехать с выключенной передачей*
rural road *сельская дорога*
rush hour *час наибольшей транспортной нагрузки;* [traf.] *час пик*
rush hour traffic *движение транспорта в час пик*
rusting through *проржавевший насквозь*
rust-inhibiting paint *антикоррозийная краска*
rust inhibitor *антикоррозийная присадка (для жидкости гидросистемы), ингибитор коррозии*
rustless *коррозионностойкий, нержавеющий*
rust-preventing agent *антикоррозийное средство*
rust-preventing medium *антикоррозийное средство*
rust-preventing paint *антикоррозийное лакокрасочное покрытие*
rust prevention *защита от коррозии*
rust preventive *антикоррозийное средство*
rust-proof *коррозионностойкий, не поддающийся коррозии, нержавеющий*
rust proofing *защита от коррозии*
rust-proofing coating *коррозионноустойчивое покрытие*
rust-proofing paint *антикоррозийное лакокрасочное покрытие*
rust protection *защита от коррозии*
rust removing *удаление ржавчины*
rust-removing agent *средство для удаления ржавчины*
rust-resistant *не поддающийся коррозии, нержавеющий*
rust-resisting *коррозионностойкий, не поддающийся коррозии, нержавеющий*
rust stain *пятно ржавчины*
rust through (vb.) *проржаветь насквозь*
rusty *заржавелый, ржавый*
rusty spot *пятно ржавчины*
rut [road] *колея*
rut (vb.) *оставлять колеи, проводить борозды*
rutted [road] *изрытый колеями*
rutty [road] *изрытый колеями*

S

saddle bag [motorcyc.] *седельный багажник*
saddle key *фрикционная шпонка*
saddle post [cycle] *седельная стойка*
safe headway *безопасный интервал между следующими друг за другом автомобилями в транспортном потоке*
safety barrier [road] *защитное ограждение*
safety belt [auto] *ремень безопасности*
safety bumper *защитный амортизатор*
safety chain *предохранительная цепь*
safety clutch *предохранительная муфта*
safety collar *предохранительное кольцо*
safety coupling *предохранительная муфта*
safety fence *дорожное ограждающее устройство, ограждение*
safety flange *предохранительный фланец*
safety friction clutch *предохранительная фрикционная муфта*
safety harness *предохранительные ремни;* [auto] *ремни безопасности*
safety headway *безопасный интервал между движущимися друг за другом автомобилями в транспортном потоке*
safety island [road] *островок безопасности*
safety marking *предупредительная разметка*
safety petrol tank *безопасная цистерна для бензина*
safety pin *предохранительный стопорный штифт*
safety plug *плавкая предохранительная вставка, плавкий предохранитель*
safety relief valve *предохранительный клапан*
safety ring *защитное кольцо*
safety screw *предохранительный винт*
safety sign *предупредительный знак*
safety steering column *безопасная рулевая колонка*
safety stop *предохранительный стопор, предохранительный упор*
sag *кратковременный 'провал' ускорения автомобиля (в процессе разгона)*
saloon [auto] *кузов типа седан; помещение для пассажиров (в автомобиле)*
salt broadcaster [road] *солеукладчик*
salt spreader [road] *солеукладчик*
salvage car *автомобиль технической помощи*
salvage lorry *грузовой автомобиль технической помощи*
sand coffering [road] *песчаный поверхностный слой*
sanding [road] *укладка подстилающего песчано-гравийного слоя*
sand seal [road] *песчаный покрывающий слой*
scale [tool] *масштабная линейка*
scarifier [road] *культиватор-рыхлитель*
scattering disc [road] *разбрасыватель*

SCA

scavenger [motor] *противонагарная присадка*
scavenging air [motor] *продувочный воздух*
scavenging stroke [motor] *ход выпуска*
Scotch block *тормозной башмак*
scraper [road] *подкапывающий лемех*
screened ignition system [motor] *герметизированная система зажигания*
screen washer [auto] *стеклоомыватель*
screw *болт, винт*
screw (vb.) *скреплять винтами*
screw-bolt joint *болтовое соединение*
screw check plug *резьбовая калибр-пробка*
screw clip *винтовой зажим*
screw clutch *сцепная муфта*
screw connection *винтовое соединение*
screw-cutting *нарезание винтовой резьбы*
screw-cutting tool *винторезный инструмент, резьбонарезной инструмент*
screw-down valve *винтовой клапан, клапан с резьбовым шпинделем*
screwdriver *отвертка*
screwdriver bit *лезвие отвертки*
screwed cap *накидная гайка*
screwed connection *винтовое соединение*
screwed fitting *резьбовая соединительная деталь, резьбовой фитинг*
screwed hole *резьбовое отверстие*
screwed hose joint *резьбовое шланговое соединение*
screwed lamp-holder *резьбовой патрон лампы*
screwed lamp-socket *резьбовой патрон лампы*
screwed pipe joint *резьбовое трубное соединение*
screw fastening *винтовое крепление*
screw feed *винтовая подача*
screw gauge *резьбовой калибр*
screw head *головка винта*
screw hole *отверстие под винт, резьбовое отверстие*
screw hook *крюк с винтом*
screw jack *винтовой домкрат*
screw joint *винтовая сцепка, винтовое соединение, резьбовое соединение*
screwless *без винтов*
screw locking device *фиксатор винта*
screw nail *винтовой гвоздь*
screw nut *гайка*
screw pitch *шаг резьбы винта*
screw pitch gauge *резьбовой калибр*
screw plug *резьбовая пробка*

screw plug gauge резьбовая калибр-пробка
screw recessed head винт с крестовым шлицем
screw retention фиксация винта
screw ring gauge резьбовое калибр-кольцо
screw rod резьбовая шпилька, резьбовой стержень
screw socket соединительная муфта с винтовой резьбой
screw spanner разводной гаечный ключ
screw spindle ходовой винт
screw stopper винтовой стопор
screw tap [tool] метчик
screw thread винтовая резьба
screw thread cutting нарезание винтовой резьбы
screw thread gauge резьбовая калибр-пробка, резьбовой калибр
screw thread precutting предварительное нарезание резьбы
screw thread turning нарезание резьбы
screw tool винторезный инструмент, резьбонарезной инструмент
screw-type stopper винтовой стопор
screw vice винтовые тиски
screw wrench разводной гаечный ключ
scuff истирание
seal герметик, замазка, мастика
sealing bush уплотнительная втулка
sealing end торцевая муфта
sealing screw герметизирующий винт
sealing washer уплотнительная шайба
seat adjuster регулятор положения сиденья
seat belt предохранительный ремень
secondary road вспомогательная дорога
secondary venturi [motor] смесительная камера
second tap метчик второго прохода при нарезании резьбы
sectional core radiator [auto] пластинчатый радиатор
secure by bolts (vb.) крепить болтами, соединять болтами
securing bolt зажимной болт
securing screw зажимной винт
security key ключ с секретом
selecting pin of injection nozzle [auto] игла впрыскивающего сопла
selector fork вилка включения передачи
selector rod шток переключения передач
self-acting автоматический
self-adjusting автоматический
self-aligning ball bearing самоустанавливающийся шариковый подшипник, самоцентрующийся шариковый подшипник
self-aligning bearing самоустанавливающийся подшипник, самоцентрующийся подшипник

SEL

self-aligning roller bearing *самоустанавливающийся шариковый подшипник, самоцентрующийся шариковый подшипник*
self-changing gear [auto] *механизм автоматического переключения передач*
self-cutting screw *самонарезающий винт*
self-levelling shock absorber *саморегулирующийся амортизатор*
self-lubricating bearing *самосмазывающийся подшипник*
self-priming ability *возможность пуска насоса при атмосферном давлении в линии всасывания*
self rechargiable accumulator *самовосстанавливающийся аккумулятор*
self-starter [auto] *автоматический пускатель*
self-tapping screw *самонарезающийся винт*
semienclosed fuse *полузакрытый плавкий предохранитель*
semi-rise handlebars [cycle] *полуусиленные ручные тормоза*
separated intersection [road] *пересечение в разных уровнях*
separate thrust collar *упорная шайба*
separator [road] *разделительная полоса*
serpentine road *извилистая дорога*
serrated lock washer *зубчатая пружинная шайба*
serrated nut *рифленая гайка*
service brake [auto] *служебный тормоз*
service brakes stopping ability *остановочная способность тормозов*
service car *автомобиль аварийно-ремонтной службы, автомобиль технической помощи*
service road *служебная дорога*
service station [auto] *станция технического обслуживания*
servo-cylinder [auto] *сервоцилиндр; цилиндр гидроусилителя*
servo-fluid transmission *гидравлическая передача*
set of tools *набор инструментов*
set screw *установочный винт*
sett [road] *брусчатка*
setting screw *установочный винт*
sett paved road *дорога, выложенная брусчаткой*
shackle bolt *болт с вертлюжной серьгой*
shackle nut *вертлюжная гайка*
shade-lite glass [auto] *стекло с переливами цветового тона*
shaft coupling *муфта сцепления валов*
shaft speed *скорость вращения вала*
shaft speed monitor *устройство контроля скорости вращения вала*
shallow countersunk head *потайная головка винта, утопленная головка винта*
shank screw *самонарезающий винт*

shaping bag　*вулканизационная камера*
shear connector　*шпонка, работающая на срез*
shearing bolt　*срезной болт*
shell tap　*резьбовой штифт с насадкой*
shift control lever　*рычаг переключения передач*
shift down (vb.)　[auto] *включать понижающую передачу,*
　　переходить на понижающую передачу
shifter fork　*вилка переключения передач*
shift gear (vb.)　*переключать передачу*
shifting fork　*вилка переключения передач*
shift lever　[auto] *рычаг переключения передач; рычаг переключения*
　　скоростей
shift up (vb.)　[auto] *включать повышающую передачу; переходить на*
　　повышающую передачу
shimmy　[auto] *угловое колебание управляемых колес, возникающее*
　　на небольших скоростях движения
shock absorber　*амортизатор;* [auto] *амортизатор*
shock absorbing　*амортизирующий*
shopping traffic　*движение транспорта в торговом районе*
shoulder bearing　*опорный подшипник*
shouldered nut　*гайка с буртиком*
shoulder screw　*винт с буртиком, ступенчатый винт*
shredder of derelict cars　*измельчитель выброшенных*
　　автомобилей
sickle spanner　*крючковый ключ*
side bar　[auto] *лонжерон*
side borrow　[road] *кювет-резерв*
sidecar　*коляска мотоцикла*
sidecar body　[motorcyc.] *коляска; люлька мотоцикла*
sidecar motocycle　*мотоцикл с коляской*
sidecar wheel　[motorcyc.] *боковое колесо коляски*
sidecar windscreen　*ветровое стекло мотоколяски*
side collision　[auto] *боковое соударение*
side cut　*боковая дорога*
sidelight　[motorcyc.] *боковой световой сигнал, боковой фонарь*
side loader　*боковой погрузчик;* [truck] *погрузчик с боковой*
　　загрузкой
side loading fork lift truck　[truck] *вильчатый автопогрузчик с*
　　боковой загрузкой
side loading truck　*грузовой автомобиль с боковой загрузкой*
side-on collision　[auto] *боковое соударение*
side panel　[auto] *боковая панель, панель боковой стенки капота*
side road　*боковая дорога*
side rod　[motor] *шатун*
side strip　*боковина шины*
side valve　[motor] *клапан, расположенный сбоку*
sightseeing bus　*экскурсионный автобус*

SIG

sign *дорожный знак*
signal-controlled [road] *регулируемый светофором*
signal group [traf.] *группа сигналов*
signalization [road] *светофорное регулирование*
signboard *дорожный указательный знак*
silencer [auto] *глушитель*
sill [auto] *порог*
silo waggon *автомобиль для перевозки сыпучих грузов*
simplex brake [auto] *однопоршневой дисковый тормоз*
simulation of traffic *моделирование движения транспорта, моделирование транспортного потока*
single-acting shock absorber *амортизатор одностороннего действия*
single carriageway *дорога с одной полосой движения в каждую сторону*
single direction thrust bearing *однонаправленный упорный подшипник*
single-end box wrench *односторонний торцевой ключ*
single head engineer's wrench *односторонний гаечный ключ*
single jet injection nozzle [motor] *распылительная форсунка с одним отверстием*
single lane road *однопутная автомобильная дорога*
single line *однопутная дорога*
single-plate clutch *однодисковая муфта*
single-start thread *однозаходная резьба*
single thread *однозаходная резьба*
single-track line *дорога с одной полосой движения, однопутная дорога*
siped tread *протектор шины со щелевидными канавками*
six-sided nut *шестигранная гайка*
size of jaws *размер зева ключа*
skew bevel gear *коническое зубчатое колесо с тангенциальными зубьями*
skid chain [auto] *цепь противоскольжения*
skid control [auto] *блокировка проскальзывания*
skidding conditions [road] *условия, благоприятствующие заносу*
skidding resistance [road] *сопротивление заносу*
skid sensor [auto] *датчик блокировки*
skyway *эстакадная дорога*
slack point [motor] *мертвая точка*
sleeping policeman *искусственные неровности на дороге для ограничения скорости движения транспорта*
sleeve bearing *втулочный подшипник, подшипник скольжения*
sleeve bushing *вкладыш подшипника*
sleeve coupling *втулочная муфта*
sleeve nut *накидная гайка*
sleeve valve *задвижка, заслонка, золотниковый клапан, золотниковый пневмораспределитель, цилиндрический золотник*

SLI

slide bearing *подшипник скольжения*
slide bush *скользящая муфта*
slide nut *ходовая гайка*
slide valve gear *скользящее зубчатое колесо*
sliding armature [auto] *подвижная система звукоснимателя*
sliding bearing *подшипник скольжения*
sliding bush *скользящая муфта*
sliding clutch *скользящая муфта*
sliding doors *основные (пассажирские) двери*
sliding hinge *скользящий шарнир*
sliding key *клиновая шпонка с головкой, скользящая шпонка*
sliding rear door [auto] *основная боковая дверь*
sliding roof [auto] *раздвижная крыша вагона*
sliding shaft [auto] *главный вал*
sliding side door [auto] *дверь с главной (водительской) стороны*
slippery road *скользкая дорога*
slipping clutch *предохранительная фрикционная муфта*
slip road *подъездная дорога*
slip road census [traf.] *перепись скользких дорог*
slip road control [traf.] *контроль скользких дорог*
slip road count [traf.] *учет скользких дорог*
slit bearing *разъемный подшипник*
slope failure [road] *обрушение откоса*
slope paving [road] *укрепление откоса*
slope profile [road] *профиль откоса*
slope stability [road] *устойчивость откоса*
slot-headed screw *винт со шлицем*
slotted nut *корончатая гайка*
slotted nut for hook-spanner *прорезная гайка для крючкового гаечного ключа*
slotted screw *винт со шлицем*
slotted screwdriver *крестообразная отвертка*
slowing-down *снижение скорости*
slow-motion screw *винт с резьбой малого шага*
slow moving traffic lane [road] *полоса медленного движения*
slow-running jet *жиклер холостого хода;* [auto] *жиклер холостого хода*
slow-running jet (idling jet) [auto] *жиклер холостого хода*
slugging box wrench *гаечный ключ с закрытым зевом, кольцевой гаечный ключ, накидной гаечный ключ*
slugging wrench *вилочный гаечный ключ*
slurry seal [road] *защитный слой из готовой битумно-эмульсионной смеси*
small Edison screw cap *малый резьбовой цоколь*
small end bearing [motor] *малый упорный подшипник*
small end hole [motor] *отверстие шатуна*
small three-door hatchback *малолитражный трехдверный автомобиль*

SMA

small tool *мелкий ручной инструмент*
smoothing iron [road] *металлический валик для заглаживания поверхности*
snap ring *пружинная шайба*
snifting valve *выпускной клапан*
snow chain [auto] *цепь противоскольжения*
snow tyre [auto] *шина для движения по снегу*
socket *соединительная муфта*
socketed pier *шарнирная опора*
socketed stanchion *шарнирная опора*
socket end *муфта*
socket joint *шарнирное соединение*
socket screw key *прорезной торцовый ключ*
socket Tee-wrench *массивный торцевой гаечный ключ*
socket wrench *торцовый гаечный ключ*
soft shoulder [road] *грунтовая обочина*
soft verge [road] *грунтовая обочина*
soil [road] *земляное полотно*
soil bearing capacity [road] *несущая способность грунта*
solo seat *отдельное сиденье мотоциклиста*
spacer *шайба*
space width [gear] *ширина впадин зубчатого колеса*
spacing screw *распорный винт*
spacing washer *распорная шайба*
spanner *гаечный ключ*
spanner with fixed jaws *гаечный ключ с неподвижными губками*
span of jaws *зев гаечного ключа*
spare wheel *запасное колесо*
spark advance *опережение зажигания*
spark control *регулирование зажигания*
spark gap [motor] *искровой промежуток*
spark ignition [motor] *искровое зажигание*
sparking distance [motor] *искровой промежуток*
sparking plug [auto] *свеча зажигания*
sparking retard [motor] *уменьшение угла опережения зажигания*
spark knock [motor] *детонация*
spark plug [motor] *свеча зажигания*
spark plug body [motor] *корпус свечи зажигания*
spark plug cable [motor] *провод корпуса свечи зажигания*
spark plug gap [motor] *искровой промежуток*
spark plug gasket [motor] *уплотнительная прокладка свечи зажигания*
spark plug lead [motor] *провод корпуса свечи зажигания*
spark plug shell [motor] *корпус свечи зажигания*
spark plug spanner [motor] *свечной ключ*
spark producing [motor] *образование искр*

SPA

spark timing *регулировка момента зажигания*
special purpose tool *специальный инструмент*
special type bolt *специальный болт*
speed bump [road] *искусственная неровность для ограничения скорости движения транспорта*
speed change lane *полоса для выхода автомобилей из общего потока*
speed change lever *рычаг переключения передач, рычаг переключения скоростей*
speed changer *бесступенчатая передача*
speed control hump [road] *искусственная неровность для ограничения скорости транспорта*
speed detector *детектор скорости*
speed drop *снижение скорости*
speed limit *ограничение скорости, предел скорости, предельная скорость*
speed limiting device *ограничитель скорости*
speed measurement [traf.] *измерение скорости*
speedometer (speedo) *спидометр, указатель скорости на щитке приборов*
speedometer drive [auto] *привод спидометра*
speed pilot [auto] *лампа контроля скорости*
speed selector *переключатель скоростей, рукоятка переключения скоростей*
speed-volume curve [traf.] *кривая зависимости скорости от объема*
speed zoning [traf.] *зонирование скорости*
spherical ball bearing *шариковый подшипник*
spherical joint *шаровой шарнир*
spherical roller bearing *шариковый подшипник*
spheroid joint *шаровой шарнир*
spider [auto] *крестовина*
spider gear *зубчатое колесо на крестовине водила дифференциала*
spigot bush *втулка направляющего подшипника*
spike tyre [auto] *шина с шипами противоскольжения*
spindle *микрометрический винт*
spin-resistant [auto] *устойчивый к вращению*
spin type socket wrench *торцевой гаечный ключ с отверткой*
spiral bevel gear *спирально-зубчатая передача*
spiral flute tap *метчик с винтовыми канавками*
spiral gear *винтовая зубчатая передача*
spiral groove *винтовая канавка, винтовой паз*
spiral lead [gear] *шаг зубьев*
spiral pitch [gear] *шаг зубьев*
spiral point *конический конец винта*
spiral ratchet screwdriver *отвертка со спиральным храповым механизмом*

SPI

spiral thickening *винтовое уплотнение*
splash board [cycle] *грязевой щиток; крыло автомобиля;* [auto] *шлюзный щит*
splasher [cycle] *грязевой щиток; крыло автомобиля*
splicing sleeve *соединительная муфта*
spline *шпонка*
splined shaft *зубчатый вал*
spline socket screw *шлицевый винт с головкой под торцовый ключ*
spline socket screw key *торцовый ключ для шлицевого винта с головкой*
split bearing *разъемный подшипник*
split nut *разрезная гайка*
split sleeve bearing *разъемный подшипник скольжения*
split washer *разрезная шайба*
spoiler [auto] *накладка, спойлер*
spokes *спицы (диска)*
sports car *спортивный автомобиль*
sprag clutch [auto] *муфта свободного хода; обгонная муфта*
spray nozzle *распылительная форсунка*
spring bearing *пружинный подшипник*
spring bracket [auto] *кронштейн рессоры*
spring buckle *хомут рессоры*
spring buffer *пружинный амортизатор, рессорный амортизатор*
spring collar *пружинная шайба*
spring fork [motorcyc.] *выдвижной вилочный упор*
springing attachment *пружинное устройство*
spring-loaded ball bearing *шариковый подшипник, нагруженный пружиной*
spring lock washer *пружинная шайба*
spring nut *пружинная гайка*
spring transmission *пружинная передача*
spring washer *пружинная шайба*
sprocket *звездочка, зуб звездочки*
sprocket chain *цепь цепной передачи*
sprocket wheel *звездочка, зубчатый барабан*
spur *прямозубое зубчатое колесо*
spur gear *звездочка цепной передачи, цилиндрическая прямозубая передача*
spur toothed [gear] *острозубый*
square head bolt *болт с квадратной головкой*
square neck bolt *болт с квадратным подголовком*
square neck carriage bolt *болт с квадратным подголовком*
square nut *квадратная гайка*
square socket *квадратное гнездо*
square thread *квадратная резьба*
square washer with round hole *квадратная шайба с круглым отверстием*

SQU

square weld nut квадратная сварная гайка
squeegee резиновый валик для удаления влаги
stabilized subbase [road] стабилизированный подстилающий слой
stabilizer стабилизатор
stabilizing bar [auto] стабилизирующий брус
stable emulsion [road] стойкая эмульсия
stable traffic flow [traf.] установившийся транспортный поток, устойчивый транспортный поток
stall место стоянки автомобиля
stalling заглохание двигателя
stand стоянка автомобилей
standard pitch of thread нормальный шаг резьбы
standard thread нормальная резьба
standard toothing стандартное зубчатое зацепление
star gear звездочка, планетарная зубчатая передача с заторможенным водилом
starter [auto] пусковое устройство; стартер автомобиля
starter battery стартерная аккумуляторная батарея
starter cable [auto] провод к стартеру
starter drive [auto] привод стартера
starter jet pump [auto] эжектор стартера
starter motor пусковой двигатель; [auto] стартерный мотор
starting aid средство облегчения пуска двигателя
starting air пусковой фактор (в двигателях с пневматическим пуском)
starting button [auto] кнопочный включатель стартера
starting crank [motor] пусковая рукоятка; рукоятка завода; [motor] рукоятка запуска
starting handle заводная рукоятка, пусковая рукоятка
starting lever [motor] пусковой рычаг
starting motor [auto] пусковой двигатель, стартерный мотор
starting pedal [motorcyc.] педаль стартера
starting power [tech.] пусковая мощность
starting ring gear [auto] зубчатый венец привода стартера (на маховике)
starting switch [auto] пусковой выключатель
start of thread начало резьбы
stationary die head винторезная головка
station vagon (US) [auto] автомобиль с кузовом типа 'универсал'
station waggon автомобиль с кузовом 'универсал'
station wagon автомобиль с кузовом 'универсал'
stay bolt распорный болт
stay nut упорная гайка
stay tightener натяжной винт
steady-burning light [auto] непрерывно горящий огонь

STE

steel for ball bearing balls   сталь для шариковых подшипников
steel set screw   стальной установочный винт
steer (vb.)   управлять автомобилем
steerability   [auto] управляемость
steering   рулевое управление
steering arm   рулевая сошка, рычаг рулевого управления; [auto] рычаг управления
steering assembly   [auto] блок управления
steering box   картер рулевого механизма
steering column   [auto] рулевая колонка
steering column gear change   [auto] переключение передач с помощью рулевой колонки
steering column lock   [auto] противоугонный замок зажигания на рулевой колонке
steering drag rod   [auto] рулевая тяга
steering gear   рулевой механизм
steering gear arm   рулевая сошка; [auto] рычаг управления
steering knuckle   [auto] поворотный кулак
steering knuckle pin   [auto] шкворень поворотного кулака
steering lever   рулевая сошка, рулевой рычаг; [auto] рычаг управления
steering limiter   ограничитель рулевого управления
steering linkage   [auto] рулевой привод
steering lock   противоугонный замок зажигания на рулевой колонке
steering nut   гайка рулевой передачи, рулевая гайка
steering pillar   [auto] рулевая стойка
steering pivot   [auto] шкворень поворотного кулака
steering post   [auto] рулевая колонка
steering rack   [auto] рейка рулевого механизма
steering rod   [auto] рулевая тяга
steering screw   червяк рулевого механизма
steering shaft   вал рулевого колеса, вал рулевого механизма
steering swivel   [auto] шарнир рулевого управления
steering swivel pin   [auto] поворотный шкворень
steering wheel   [truck] рулевое колесо, штурвал
steering wheel adjustment   регулировка положения (наклона) рулевого колеса
steering wheel lock   [auto] ограничитель угла поворота управляемых колес
steering worm   червяк рулевого механизма
stem   хвостовик инструмента
step bearing   ступенчатый упорный подшипник
step-down gear   замедляющая передача, понижающая передача
step-down variable transmission   понижающая передача с переменной скоростью

stepless speed control *плавное регулирование скорости*
stick-slip [tech.] *прерывистое перемещение (инструмента или металла при волочении на оправке); скачкообразная подача (рабочего органа на низких скоростях)*
stilted road [road] *путепровод*
stippler [tool] *керн*
Stirling engine *двигатель Стирлинга, нетоксичный двигатель, экологически чистый двигатель*
stirrup bolt *болт крепления хомутов*
stock *парк (автомобилей)*
stock car *автомобиль для перевозки скота*
stop [road] *остановка*
stop and tail light (rear light) [motorcyc.] *остановочный и габаритный фонарь (задний фонарь)*
stop and tail light unit [auto] *остановочный и габаритный осветительные приборы*
stop line [road] *стоп-линия*
stop nut *стопорная гайка*
stopping device *механизм автоматического торможения*
stop screw *стопорный винт*
straight-bladed screwdriver *отвертка для винта со шлицом*
straight eight *восьмицилиндровый рядный двигатель*
straight seated bearing *неподвижный вкладыш подшипника*
strand *ветвь цепной передачи*
strangler [auto] *дроссельная заслонка*
street cleaner *дорожная уборочная машина*
street cleansing machine *машина для поливки улиц, поливальная машина*
street sign *знак регулирования уличного движения*
street sweeper *подметально-уборочная машина*
street traffic *уличное движение транспорта*
strengthened passenger compartment *упрочненный салон автомобиля*
stretching screw *стяжной винт*
strict running schedule [traf.] *маршрутный лист*
stripped model [auto] *основная модель*
stroke capacity [motor] *рабочий объем цилиндра*
stroke speed *скорость главного движения, скорость перемещения*
stroke speed of valve *скорость перемещения клапана*
stroke volume [motor] *рабочий объем цилиндра*
stub axle *поворотная цапфа;* [auto] *поворотная цапфа, поворотный кулак*
stub axle mounting [auto] *установка поворотной цапфы*
stud [road] *километровый столб*
stud bolt *резьбовая шпилька*
studded tyre [auto] *шипованная шина*

STU

stud remover устройство для вытяжки головок болтов
stud screw штифт с резьбой
stud tire [auto] шипованная шина
subframe [auto] обрешетка под облицовку, подцикл
subgrade [road] постель
subsidiary road второстепенная дорога
suburban bus пригородный автобус
suction stroke [motor] такт впуска, ход впуска
suction volume [motor] объем впуска, объем всасывания
sump filter [motor] поддон фильтра
sump pan [motor] поддон колодца градирни
sun gear солнечное зубчатое колесо, центральное зубчатое колесо
sunk key закладная шпонка, призматическая шпонка, скользящая шпонка
sunshine roof откидная крыша автомобиля; [auto] сдвигающаяся крыша автомобиля
sun visor [auto] солнцезащитный козырек
sun wheel солнечное зубчатое колесо, центральное зубчатое колесо
supercharge [motor] наддув
supercharge (vb.) [motor] работать с наддувом
supercharged [motor] с наддувом
supercharger [motor] нагнетатель
supplies car грузовой автомобишль
support bearing опорный подшипник
supporting axle несущая ось
supporting bearing опорный подшипник
supporting disc опорная шайба
supporting wheels опорные колеса
suppressed spark plug [motor] утопленная свеча зажигания
surface course [road] верхний слой дорожной одежды
surface ignition [motor] калильное зажигание
surface-passive agent [road] поверхностно-пассивное вещество
surface transport наземный транспорт
surfacing [road] покрытие
suspension arm [auto] рычаг подвески
swell dowel расширяющая шпонка
swept volume литраж двигателя; [motor] рабочий объем цилиндров
swing axle [auto] качающаяся ось, передний мост с независимой подвеской колес
swinging arm качающийся рычаг
switch blade подвижной рычаг переключателя
switch starter [auto] пусковой переключатель
switch to main beam (vb.) [auto] переключать фары на дальний свет

swivel винтовая стяжка, шарнирное соединение
swivel arm ручка на шарнирном соединении
swivelling (adj.) шарнирный
swivelling lever поворотный рычаг
swivel pin шарнирный болт
swivel saddle вращающееся сиденье (велосипеда)
synchromesh gear [auto] синхронизатор коробки передач
synchronizing cone [auto] резонансный конус
system point транспортный узел

T

tab *шпонка*
tab washer *лепестковая контршайба*
tack coat [road] *протравка*
tailgate (US) *задний откидной борт (грузового автомобиля), задняя дверь (автофургона)*
tail lamp [auto] *кильватерный огонь*
tail light [auto] *хвостовой радионавигационный огонь*
tandem rear axle *двухосный задний мост*
tangential key *тангенциальная шпонка*
tangent screw *микрометрический винт*
tank *резервуар*
tanker *автоцистерна, танкер*
tank gauge [auto] *указатель уровня масла в баке, указатель уровня налива продукта в резервуар, указатель уровня топлива в баке*
tank lorry (UK) *автомобиль-цистерна;* [auto] *автоцистерна*
tank transport trailer [auto] *прицеп-цистерна*
tank truck (US) *автовагон-цистерна, автоцистерна*
tap [tool] *винторез*
tap borer [tool] *метчик*
tapered cylinder thread *коническая резьба цилиндра*
tapered driving key *ведущая клиновая шпонка, врезная клиновая шпонка*
tapered needle for idling adjustment *коническая игла регулировки холостого хода*
tapered roller bearing *роликовый подшипник с коническим отверстием*
tapered screw thread *коническая резьба*
taper for tool shank *конический хвостовик инструмента*
taper-headed screw *винт с конической головкой*
taper key *клиновая шпонка*
taper roller bearing *роликовый подшипник с коническим отверстием*
taper roller thrust bearing *упорный роликовый подшипник с коническим отверстием*
taper screw thread *коническая резьба*
taper sunk key *закладная клиновая шпонка, призматическая клиновая шпонка, скользящая клиновая шпонка*
taper washer *клиновидная шайба, шайба неравномерной толщины*
tap hole *резьбовое отверстие*
tapped *резьбовой, с нарезанной резьбой*
tapped hole *резьбовое отверстие*
tappet [motor] *кулак, кулачок*
tappet clearance [motor] *зазор в клапанном приводе термореле*
thermostatic control *регулирование (температуры) с помощью термореле*

THE

thermostatic expansion valve   *терморегулирующий вентиль*
thermostatics   *термостатирование*
thermostatic switch   *термореле*
thermo time switch   *термо-временной выключатель*
third speed   *скорость на третьей передаче*; [auto] *третья передача*
thoroughfare   *транспортная артерия*
thread   *виток резьбы, резьба*
thread (vb.)   *нарезать резьбу*
thread cutting   *нарезание резьбы*
thread-cutting screw   *самонарезающий винт*
thread-cutting tool   *резьбонарезающий инструмент*
thread diameter   *диаметр резьбы*
threaded bolt   *болт с нарезкой*
threaded coupling   *резьбовое соединение*
threaded flange   *резьбовой фланец*
threaded hole   *резьбовое отверстие*
threaded hose coupling   *резьбовое соединение шланга*
threaded joint   *резьбовое соединение*
threaded length   *длина резьбовой части (винта)*
threaded portion   *резьбовая часть (винта)*
threaded socket   *резьбовая муфта*
threaded spindle   *шпиндель с резьбовым концом*
thread end   *конец винта*
thread engagement   *резьбовое зацепление*
threader   [tool] *метчик*
thread forming   *нарезание резьбы, резьбонарезание*
thread forming screw   *самонарезающий винт*
thread gauge   *резьбовой калибр, резьбомер*
threading   *нарезание резьбы*
threading tool   *резьбонарезной инструмент*
thread lead   *шаг винта*
thread length   *длина резьбовой части (винта)*
thread measuring wire   *резьбоизмерительная проволока*
thread pitch   *шаг резьбы*
thread plug gauge   *резьбовой калибр-пробка*
thread ring gauge   *резьбовой калибр-кольцо*
thread run-out   *сбег резьбы*
thread stripping   *срыв резьбы*
thread tolerance   *допуск на резьбу*
thread turning tool   *резьбонарезной инструмент*
three-lane road   *трехполосная дорога*
three-legged intersection   [road] *развилка*
three-leg junction   [road] *развилка*
three-point seat belt   [auto] *привязной ремень с креплением в трех точках, ремень безопасности с креплением в трех точках*
three-point suspension   [auto] *трехточечное навесное устройство*

three-seat(er) [auto] *трехместный*
three-start thread *трехзаходная (трехходовая, трехниточная, трехоборотная) резьба*
three-way catalyst [auto] *тройной катализатор*
three-way valve *трехпутевой гидрораспределитель, трехпутевой пневмораспределитель*
throat bolt *распорный (анкерный) болт*
throttle *рычаг управления двигателем*
throttle cable [auto] *газонаполненный кабель*
throttle grip [motorcyc.] *ручка газа*
throttle pedal [auto] *педаль акселератора; педаль газа;* [auto] *педаль управления дроссельной заслонкой*
throttle twist-grip [motorcyc.] *поворотный захват дросселя*
throttle valve *дроссельная заслонка*
through bolt *сквозной болт*
through road *магистральная дорога*
throughway (US) *скоростное шоссе*
throw in (vb.) *включать передачу автомобиля резким движением*
throw into gear (vb.) *включать передачу*
throwout bearing *выжимной подшипник, отжимной подшипник*
throw out of gear *выключать передачу*
thrust ball bearing *упорный шариковый подшипник*
thrust bearing *нажимной подшипник сцепления, упорный подшипник*
thrust block *вкладыш упорного подшипника, упорный подшипник*
thrust collar *упорная шайба*
thrust pad *пята отжимных рычагов сцепления*
thrust roller bearing *упорный роликовый подшипник*
thrust screw *распорный винт*
thrust washer *упорная шайба*
thruway (US) *скоростная дорога*
thumb nut *гайка-барашек, гайка с накаткой*
thumbscrew *винт-барашек, винт с накатной головкой*
ticking-over *работа двигателя на малых оборотах*
tickler [motor] *катушка обратной связи, насос для подкачивания топлива в карбюратор, приспособление для заливки топлива в цилиндры*
tick-over speed *скорость при работе двигателя на малых оборотах*
tidal flow lane [road] *полоса обратного движения*
tie bolt *стяжной (соединительный) болт*
tie rod *анкерный болт*
tie rod arm *боковая рулевая тяга*
tie washer *натяжная шайба*
tighten (a screw) (vb.) *подтягивать (винт)*

TIG

tighten a screw (vb.) *затянуть болт*
tightening screw *стопорный винт*
tightening washer *стопорная шайба*
tiller [truck] *рукоятка; рычаг*
tilting bearing *самоустанавливающийся подшипник, шарнирная опора*
tilting pad (thrust) bearing *упорный подшипник с самоустанавливающимися сегментами, упорный подшипник с шарнирно закрепленным сегментом подпятника*
timber truck *лесовозный автомобиль (с прицепом-роспуском)*
time headway [traf.] *промежуток времени между двумя автобусами на линии, промежуток времени между двумя идущими друг за другом автомобилями в транспортном потоке*
time-lag fuse *плавкий предохранитель с задержкой срабатывания*
time of ignition [motor] *время воспламенения*
timing chain [motor] *цепь привода распределительного механизма*
timing gear [motor] *распределительная шестерня; распределительный механизм*
timing lever [motor] *рычаг для установки опережения зажигания*
timing mark [motor] *метка на маховике для установки зажигания*
timing of ignition [motor] *установка опережения зажигания*
timing sequence [motor] *последовательность зажигания*
tinted screen [auto] *цветное ветровое стекло*
T-intersection [road] *развилка*
tip circle *наружная окружность зубчатого колеса; [gear] окружность вершин зубьев зубчатого колеса*
tip diameter [gear] *диаметр вершин зубьев зубчатого колеса*
tip of a tooth [gear] *вершина зуба*
tip penetration [gear] *глубина проникновения вершины зуба*
T-junction [road] *развилка*
toe board [auto] *подножка*
toe clip [cycle] *туклипс*
toe-in *положительное схождение (передних колес автомобиля)*
toe of fill slope [road] *подошва откоса насыпи*
toe-out [auto] *отрицательное схождение (передних колес автомобиля); расхождение (передних колес автомобиля)*
toggle lever *коленчатый рычаг, рычаг коленчато-рычажного механизма*
toggle lever motion *перемещение коленчатого рычага*
toll-bridge [traf.] *мост, за проезд через который взимается сбор*
toll road [traf.] *платная дорога*
tool *инструмент, инструментальные средства, рабочий инструмент*
tool bag *сумка для инструмента*

TOO

tool box *инструментальный ящик*
tool cabinet *шкаф для инструментов*
tool cases *набор инструментов*
tool chest *инструментальный ящик*
tool cupboard *шкаф для инструментов*
tool kit *комплект инструментов, набор инструментов*
tooth back [gear] *задняя поверхность зуба*
tooth contour [gear] *профиль зуба*
tooth depth [gear] *высота зуба*
toothed coupling *зубчатая муфта, зубчатое соединение*
toothed disk *зубчатый диск*
toothed flywheel ring [auto] *зубчатый обод маховика*
tooth edge *продольная кромка зуба*
toothed gear *зубчатая передача, зубчатое колесо*
toothed gearing *зубчатая передача, зубчатое зацепление*
toothed lock washer *зубчатая стопорная шайба*
toothed pulley *зубчатый барабан*
toothed ring *зубчатая кольцевая шпонка*
toothed wheel *зубчатое колесо*
toothed wheel gear *зубчатая передача*
tooth face [gear] *поверхность головки зуба*
tooth flank [gear] *боковая поверхность зуба*
toothing *зубчатое зацепление*
tooth outline [gear] *профиль зуба*
tooth pointing [gear] *заточка зубьев*
tooth profile [gear] *профиль зуба*
tooth shape [gear] *профиль зуба*
tooth space [gear] *впадина зубчатого венца*
tooth spacing [gear] *шаг зуба*
tooth system *тип зубчатого зацепления*
tooth thickness [gear] *толщина зуба*
top antenna [auto] *антенна на крыше*
top bearing *верхний подшипник*
top box [motorcyc.] *верхний кожух*
top dead centre (TDC) [motor] *верхняя мертвая точка (ВМТ)*
top gear [auto] *высшая передача; высшая ступень (в коробке передач)*
top of stroke [motor] *верхняя граница хода поршня*
topping [road] *одежда*
top speed *предельная скорость*
torque arm *реактивная штанга, удерживающий рычаг (тормоза)*
torque spanner *динамометрический ключ*
torque tube [auto] *труба, передающая крутящий момент*
torque wrench *динамометрический ключ*
torsion suspension [auto] *торсионная подвеска*
tortuous [road] *извилистый*

TOT

total depth of t««th   [gear] *высота зуба, полная высота зуба*
total loss   [auto] *общие потери*
touring moped   *прогулочный мопед*
touthed bar   *зубчатая рейка*
towage   *буксировка*
tow bar   *жесткая буксирная балка*
tow hook   [auto] *прицепное устройство*
town bus   *городской автобус*
town traffic   *движение городского транспорта*
tow truck (US)   *грузовой автомобиль-тягач*
track control arm   *контрольный рычаг*
track gauge   [auto] *колея*
tracking   [road] *образование колеи*
track rod   [auto] *стрелочная приводная тяга*
tractor   *трактор, тягач*
tractor leveller   [road] *грейдер*
tractor-scraper unit   [road] *полуприцепной скрепер*
tractor-towed roller   [road] *прицепной каток*
traffic   *грузооборот, дорожное (уличное, железнодорожное) движение, объем перевозок, перевозки*
traffic (adj.)   *перевозочный, транспортный*
traffic, with heavy   *с интенсивным движением*
traffic, with intense   *с интенсивным движением*
trafficable   *открытый для проезда (движения)*
traffic accident   *дорожное происшествие, дорожно-транспортное происшествие, несчастный случай на транспорте*
traffic accident rate   *частота дорожно-транспортных происшествий*
traffic-actuated signal   *включающийся при движении транспорта, сигнал светофора*
traffic analysis   *анализ транспортных потоков*
traffic analyzer   *анализатор транспортных потоков*
traffic area   *проезжая часть*
traffic arterial   *главная транспортная магистраль (артерия)*
traffic artery   *транспортная магистраль (артерия)*
traffic assignment   *распределение транспортных потоков*
trafficator   [auto] *предписывающий дорожный знак, светофор*
traffic beam   [auto] *дальний свет*
traffic-bearing surface   *дорожное полотно, поверхность дорожного покрытия*
traffic block   *затор движения, транспортная пробка*
traffic bollard   [road] *островок безопасности*
traffic bottleneck   *затор движения;* [traf.] *транспортная пробка*
traffic breakdown   *затор движения, нарушение движения транспорта, транспортная пробка*
traffic census   *учет движения транспорта*

traffic centre *транспортный узел*
traffic circle (US) *кольцевая транспортная развязка*
traffic classification *классификация транспортных потоков*
traffic concentration *грузонапряженность, плотность (интенсивность) дорожного движения*
traffic conditions *условия дорожного движения*
traffic congestion *затор движения, скопление транспорта, транспортная пробка*
traffic control *регулирование дорожного движения*
traffic count *учет движения транспорта*
traffic density *грузонапряженность, плотность (интенсивность) дорожного движения*
traffic detector *датчик движения транспорта*
traffic engineering *технические средства регулирования дорожного движения*
traffic flow *грузонапряженность движения, транспортный поток*
traffic flow count *учет движения транспорта*
traffic forecast *прогноз движения транспорта*
traffic handling *регулирование движения транспорта*
traffic hindrance *помеха (препятствие) движению транспорта*
traffic indicator [auto] *указатель направления движения*
traffic infrastructure *дорожная инфраструктура*
traffic installation *дорожное сооружение*
traffic intensity *интенсивность транспортного потока*
traffic interchange *транспортная развязка*
traffic interruption *остановка движения транспорта*
traffic in transit *прямое сообщение, сквозное сообщение*
traffic island [road] *островок безопасности*
traffic jam *затор движения, скопление транспорта, транспортная пробка*
traffic lane [road] *полоса движения*
traffic light(s) *светофор*
traffic line [road] *полоса разметки (на дорожном покрытии)*
traffic load [road] *нагрузка от транспортных средств*
traffic management *регулирование (организация) дорожного движения*
traffic management scheme *схема управления транспортным потоком*
traffic network *дорожная (транспортная) сеть*
traffic noise *шум от движения транспорта*
traffic obstruction *затор движения, транспортная пробка*
traffic pacer [traf.] *зеленый сигнал светофора; разрешающий дорожный знак*
traffic paint *красящий состав (краска) для дорожной разметки*
traffic prognosis *прогноз движения транспорта*
traffic projection *прогноз движения транспорта*

traffic refuge [road] *островок безопасности*
traffic regulation *регулирование дорожного движения*
traffic regulations *правила дорожного движения*
traffic rerouting *изменение маршрута движения, отведение особых путей движения на автомобильной дороге*
traffic-responsive *зависящий от движения транспорта*
traffic road *маршрут движения транспорта*
traffic roundabout (UK) *кольцевая транспортная развязка*
traffic route *маршрут движения транспорта*
traffic safety *безопасность дорожного движения*
traffic segregation *разделение транспортных средств при движении*
traffic separation *разделение транспортных средств при движении*
traffic sign *дорожная разметка, дорожный знак*
traffic signal *дорожный сигнальный знак, светофор, сигнал регулирования движения, стоп-сигнал*
traffic signal controller *регулятор (контроллер) дорожной сигнализации, устройство управления светофорным регулированием*
traffic signal installation *светофор*
traffic signalization *дорожная сигнализация, светофорное регулирование*
traffic signs *дорожная разметка*
traffic snarl *затор движения, транспортная пробка*
traffic stream *транспортный поток*
traffic study *анализ транспортных потоков, изучение движения транспорта*
traffic survey *анализ транспортных потоков, изучение движения транспорта*
traffic system *дорожная (транспортная) сеть*
traffic volume *грузонапряженность, интенсивность движения*
trailer *автомобильный прицеп*
trailing arm *продольный рычаг подвески, сцепное устройство прицепа*
transducer *датчик*
transfer case [auto] *раздаточная коробка*
transfer gearbox [auto] *раздаточный механизм*
transfer port [motor] *перепускное окно*
transition joint *переходная муфта*
transmission brake [auto] *трансмиссионный тормоз, центральный тормоз*
transmission case *картер коробки передач*
transmission case cover *крышка картера коробки передач*
transmission drive shaft [auto] *ведущий вал коробки передач, первичный вал коробки передач*
transmission gear *коробка передач, коробка скоростей, шестерня коробки передач*

TRA

transmission gear wheel   зубчатое колесо коробки передач
transmission input shaft   ведущий вал коробки передач, приводной вал коробки передач
transmission main shaft   вторичный вал коробки передач
transmission output shaft   вторичный вал коробки передач
transmission shaft   вал коробки передач
transmitter   датчик
transport   транспорт
transport by lorry (UK)   перевозки грузовыми автомобилями
transport by truck (US)   перевозки грузовыми автомобилями
transport nodal point   транспортный узел
transverse spring   [auto] поперечная рессора
trapezoidal ditch   [road] корыто (покрытия)
trapezoidal screw thread   трапецеидальная резьба
trapezoidal thread   трапецеидальная резьба
travelling speed   ходовая скорость
travel speed   ходовая скорость
traversing speed   скорость движения, скорость перемещения
tread depth   глубина протекторного рисунка шины
tread design   конструкция протектора, рисунок протектора
tread pattern   рисунок протектора
tread profile   рисунок протектора
tread rubber   каучук для протекторов
tread wear   износ протектора
trial trip   [auto] пробный рейс
triangle head   [screw] треугольная головка
triangle head bolt   болт с треугольной головкой
triangle nut   треугольная гайка
triangle socket   треугольное отверстие
triangular thread   резьба с треугольным профилем, треугольная резьба
trim strip   [auto] декоративная линейка
triple thread   трехзаходная резьба
triple-threaded   с трехзаходной резьбой
trip lever   отцепляющий (выключающий) рычаг
trip-mileage counter   [auto] спидометр
tripper device   [motor] расцепляющий механизм
trip recorder   [auto] спидометр
trivial accident   незначительное происшествие
trough-body lorry   грузовой автомобиль с корытообразным кузовом
truck (US)   автоцистерна, грузовой автомобиль
truck balance   автомобильные весы
truck chassis (US)   шасси грузового автомобиля
truck climbing lane (US)   полоса замедленного движения (на подъемах дороги)
truck container   грузовой автомобильный контейнер

TRU

truck driver (US) водитель грузового автомобиля
truck engine (US) двигатель грузового автомобиля
trucker (US) водитель грузового автомобиля
trucking (US) грузовые автомобильные перевозки
truckload вес груза, перевозимого одним автомобилем
truck tire (US) шина грузового автомобиля
truck weigh bridge мостовые автомобильные весы, платформенные автомобильные весы
trundle зубчатое колесо
trunk багажник
trunk road магистральная автомобильная дорога
trunk road system сеть магистральных автомобильных дорог
truss head плоская головка винта
T-screw винт-барашек, винт с Т-образной головкой
tube nut трубная гайка
tube radiator [auto] трубчатый радиатор
tubular box spanner трубный ключ
tubular double end socket tee wrench Т-образный двусторонний гаечный ключ с гранным углублением, Т-образный двусторонний торцовый гаечный ключ
tubular frame трубная рама (каркас)
tubular hexagon box spanner шестигранный трубный ключ
tubular socket wrench трубный ключ
tumbler gear промежуточное зубчатое колесо
tune up (vb.) [motor] регулировать (карбюратор)
tune-up [motor] регулировка (карбюратора)
turnaround [road] кольцевая транспортная развязка
turnbuckle стяжная (натяжная) муфта
turn buckle винтовой хомут
turn indicator измеритель угла поворота (управляемых колес автомобиля)
turning circle [road] кольцевая транспортная развязка
turning joint шарнирное соединение
turning traffic движение транспорта с поворотом
turn of a thread виток резьбы
turnout [road] разъезд
turn-out lane [road] полоса стоянки автотранспорта
turnpike (US) автомобильная дорога
turnscrew отвертка
turn signal [auto] сигнал поворота
turn signal indicator [auto] индикатор сигнала поворота
turntable [auto] поворотный диск, поворотный круг
turtuous [road] деформированный
twin seat спаренное сиденье
twin venturi сдвоенная трубка Вентури
two-door [auto] с двумя дверьми
two-high duplex brake [auto] двухколодочный тормоз

TWO

two-lane road *двухпутная дорога*
two-seater [auto] *двухместный самолет*
two-start thread *двухходовая резьба*
two-way road *двухпутная дорога*
type test *определение характеристик двигателя внутреннего сгорания с последующими испытаниями в течение 100 часов*
tyre [auto] *покрышка, шина*
tyre carcass *каркас шины*
tyre chain [auto] *цепь противоскольжения*
tyre mould *пресс-форма для шин*
tyre patch *резиновая заплата для ремонта камеры*
tyre tread *протектор шины*

U

UDC (upper dead centre) [motor] *(ВМТ) верхняя мертвая точка*

ultimate strain *предельная деформация*

ultimate strength *предел прочности, предельное напряжение*

ultimate stress *предел прочности, предельное напряжение*

ultra-low profile tire *сверхнизкопрофильная шина*

unbalance *дисбаланс, разбалансировка*

unblocking *разблокировка*

unbolting *развинчивание, снятие болтов*

unbrazing *распайка*

UNC (unified coarse) *стандартная крупная (резьба)*

uncontrolled ignition *нерегулируемое зажигание*

underbody *нижняя часть кузова;* [auto] *нижняя часть кузова*

underbridge [road] *путепровод под дорогой*

undercarriage *ходовая часть;* [auto] *ходовая часть*

undercrossing [road] *подземный переход*

undercut groove [skrew] *канавка*

underdrive *понижающая передача*

underframe [auto] *основание кузова, подрамник*

underground car park *подземная автомобильная стоянка*

underground garage *подземная автомобильная стоянка*

underground parking *подземная автомобильная стоянка*

underinflation [auto] *недостаточное внутреннее давление в шинах*

under no-load conditions *режим холостого хода*

underpan *поддон*

underpreassure *пониженное давление*

underside *днище*

undersize shaft *вал ремонтного размера*

underspeed *пониженная скорость, пониженная частота вращения*

understeering [auto] *недостаточная поворачиваемость*

under warranty *на гарантии*

UNEF (unified extra fine) *стандартная сверхмелкая (резьба)*

unequally spaced teeth [gear] *неравномерно расположенные зубья*

uneven [road] *неровный*

uneven surface [road] *шероховатая поверхность*

UNF (unified fine) *стандартная мелкая резьба (резьба)*

ungrease *обезжиривать*

unholstery *обивка*

unified coarse (UNC) *стандартная крупная (резьба)*

unified extra fine (UNEF) *стандартная сверхмелкая (резьба)*

unified fine (UNF) *стандартная мелкая (резьба)*

unified screw thread (UST) *стандартная резьба*

UNI

uniflow scavenging [motor] *прямоточная продувка*
unimproved road *гравийная дорога, проселочная дорога*
union *муфта, патрубок, штуцер*
union piece *резьбовое соединение*
unit [tech.] *агрегат; блок, механизм, элемент*
unit trad *однослойный протектор шины*
universal drive *карданная передача*
universal joint *карданный шарнир с крестовиной, универсальный шарнир*
universal joint drive *карданная передача*
universal joint housing *кожух универсального шарнира*
universal spanner [tool] *универсальный гаечный ключ*
universal tap holder [tool] *универсальный метчикодержатель*
unladen weight *масса незагруженного транспортного средства, масса порожнего грузового автомобиля*
unloaden weight *масса порожнего грузового автомобиля*
unpave (vb.) *снимать дорожную одежду*
unpaved [road] *немощеный*
unreleasable connection *неразъемное соединение*
unseat a valve (vb.) [motor] *открывать клапан*
unstable flow [road] *неустановившийся поток*
unsurfaced [road] *грунтовый*
untensioned bolt *незатянутый болт*
unthreaded shank [skrew] *хвостовик, не имеющий нарезки*
unwanted sound *посторонний шум*
upgrade [road] *подъем*
up-market car *автомобиль высокого класса*
upper beam [auto] *дальний свет*
upper dead centre (UDC) [motor] *верхняя мертвая точка (ВМТ)*
upper layer of ballast [road] *верхний балластный слой*
upper torso restraint *плечевой ремень безопасности пассажира или водителя*
upshift (vb.) *включать повышающую передачу*
upshift unit *переключатель передач на повышенную ступень*
upward flow *восходящий поток*
upward stroke *движение вверх, такт (ход) от нижней мертвой точки к верхней мертвой точке*
urban freeway *скоростная автомагистраль*
urban motorway *скоростная автомагистраль*
urban public transport *городской общественный транспорт*
urban traffic *городской транспорт*
usage conditions *условия эксплуатации*
used-car dump *свалка подержанных автомобилей*

USE

use of private cars *использование личных автомобилей*
US standard thread *американская стандартная резьба*
UST (unified screw thread) *стандартная резьба*
U-turn [traf.] *поворот на 180 градусов*

V

vacuum *вакуум*
vacuum advance *вакуум-коррекция, регулирование угла опережения зажигания по разрежению во впускном коллекторе*
vacuum advance measure *вакуум-корректор*
vacuum-assisted hidraulic brake system *гидравлическая тормозная система*
vacuum booster brake [auto] *тормоз с вакуумным усилителем*
vacuum pump (low-pressure regulator) *вакуумный насос (регулятор низкого давления)*
vacuum servo [auto] *вакуумный сервоусилитель*
vacuum servo-assisted brake system *тормозная система с вакуумным усилителем*
valve *клапан*
valve bounce [motor] *подпрыгивание клапана (при посадке в гнездо)*
valve cap [auto] *тарелка клапана*
valve casing *корпус клапана*
valve clearance [motor] *клапанный зазор*
valve collets [auto] *сухари клапана*
valve cover [auto] *колпак клапанного механизма*
valve hole *отверстие для вентиля*
valve lifter [motor] *толкатель клапана*
valve operating system *механизм привода клапанов*
valve plunger [motor] *плунжер толкателя клапана*
valve push rod [motor] *штанга толкателя клапана*
valve rocker [motor] *коромысло клапана*
valve seating face area *опорная площадь седла клапана*
valve tappet [motor] *толкатель клапана*
valve tappet clearance [motor] *зазор между стержнем и толкателем клапана*
valve timing [motor] *установка моментов открытия и закрытия клапана; установка фаз клапанного распределения*
van *автомобильный фургон*
vane *лопасть*
vapor *испарение, пар*
vapor (vb.) *испаряться*
vapour *испарение, пар*
variability *изменчивость*
variable *переменный, различный*
variable slope [road] *ломаный откос*
variable speed transmission *трансмиссия с плавным изменением передач*
variator *вариатор*
variety *разнообразие*
varnish *лак, нагар*

VAR

varnish (vb.) *лакировать*
vary (vb.) *изменяться, менять, регулировать*
V-belt *клиновидный ремень*
V/C ratio (volume-capacity ratio) [traf.] *отношение объема транспортного потока к пропускной способности дороги*
vee-engine *V-образный двигатель*
veer (vb.) *изменять направление*
vehicle actuated signal *светофор, включаемый транспортным средством*
vehicle actuated signalization [traf.] *дорожная сигнализация, приводимая в действие проезжающими автомобилями*
vehicle alarm *предупредительный сигнал автомобиля*
vehicle class *класс автомобиля*
vehicle data sticker *табличка паспортных данных автомобиля*
vehicle detector *датчик, срабатывающий при прохождении автомобиля*
vehicle emission *выделения автомобиля в окружающий воздух*
vehicle exhaust gas *выхлопные газы автомобиля*
vehicle identification number *заводской номер автомобиля*
vehicle inspection *технический осмотр автомобиля*
vehicle length *длина автомобиля*
vehicle operating costs *стоимость эксплуатации автомобиля*
vehicle registration *регистрация автомобиля*
vehicular flow at the peak hour [traf.] *транспортный поток в час пик*
vehicular gap *интервал между автомобилями в транспортном потоке*
V-eight *V-образный восьмицилиндровый двигатель*
velocity *скорость*
velour *велюр*
velvet *вельвет*
V-engine *V-образный двигатель*
vent *канал, отверстие, отдушина*
ventage *канал, отверстие, отдушина*
ventilate (vb.) *проветривать*
ventilated *оснащенный отверстиями для проветривания, охлаждения*
ventilation *вентиляция*
venting *удаление воздуха из топливной системы*
ventipane *вентиляционный люк в крыше автомобиля*
venturi *расходомер, трубка Вентури*
verge [road] *обочина*
vertical journal [tech.] *опорная пята*
vertical sand drain [road] *вертикальная песчаная дрена*
vertical sand drains [road] *вертикальный дренаж через песчаный грунт*
vibrating compactor [road] *виброуплотнитель*

vibrating compressor　[road] *виброуплотнитель*
vibrating roller　[road] *вибрационный каток*
vibration　*вибрация, колебания*
vibration absorber　*амортизатор колебаний*
vibration damper　*амортизатор колебаний, гаситель колебаний*
vibration damping　*амортизация колебаний*
vibration reducing　*амортизирующий колебания*
vibration strength　*вибрационная прочность*
vibration suspension　*антивибрационная подвеска*
vibratory compactor　[road] *виброуплотнитель*
vicinity　*окрестность*
view　*вид, обзор, перспектива*
village　*деревня, поселок, село*
violate (vb.)　*нарушать*
violation　*правонарушение*
viscosity　*вязкость, коэффициент вязкости*
viscous clutch　*муфта вязкости*
visibility　*видимость*
visible　*видимый*
vision　*зрение*
volt　*вольт*
voltage　*напряжение*
voltamperemeter　*вольтамперметр*
voltmeter　*вольтметр*
volume　*емкость, объем*
volume-capacity ratio　[traf.] *отношение объема транспортного потока к пропускной способности дороги*
volume-density relationship　[traf.] *отношение объема транспортного потока к его плотности*
volumetric displacement　[motor] *объемная производительность насоса; объемное водоизмещение*
volute insert　*улитка центробежного насоса*
vulcanizate　*вулканизат, резина для вулканизации*
vulcanization　*вулканизация*
vulcanizer　*вулканизационный механизм, рабочий-вулканизаторщик*

W

wagon *автофургон*
waisted screw *винт с коническим концом*
waiting [traf.] *ожидание*
waiting area [road] *островок безопасности*
waiting space [road] *дополнительная полоса для кратковременной остановки*
walkway *пешеходная дорожка*
wall bracket bearing *консольный подшипник, подшипник на кронштейне*
wander *неустойчивость автомобиля при движении на заданном курсе*
Wankel engine *роторно-поршневой двигатель*
warm up (vb.) *прогревать*
warm-up regulator *регулятор подогрева*
warm valve adjustment *регулировка зазора клапанов на прогретом двигателе*
warning alarm *аварийная предупредительная сигнализация*
warning poster *предупредительный плакат*
warning sign *оповестительный щит, предупреждающий знак*
warning signal *предупредительный сигнал*
warning system *система аварийной сигнализации*
warning triangle (UK) *предупредительный дорожный знак треугольной формы*
warrant *гарантия*
washer *моечная машина, шайба*
washer face *подголовок винта*
waste *неустранимый брак, отходы, потеря*
water bath *водяной термостат*
water-cooled engine *двигатель с водяным охлаждением*
water cooler *водяной охладитель*
waterproof (vb.) *водонепроницаемый, водостойкий*
waterproofing *герметизация швов*
water pump (coolant pump) *водяной насос (охладительный насос)*
water temperature gauge [auto] *указатель температуры воды*
wax type *восковая камера*
way *дорога*
wear *износ*
wearing course [road] *слой (поверхность) износа*
weaving [road] *извилистость*
weaving lane [road] *полоса обгона*
weaving manoeuvre [traf.] *движение челночным зигзагом*
weaving section *извилистый участок дороги*
web *колесный диск, перемычка, шейка, щека кривошипа*
wedge-shaped belt drive *клиновидная передача*

WET

W-engine *трехрядный двигатель*
wet liner [motor] *мокрая гильза цилиндра*
wet mix bitumen macadam [road] *щебеночное покрытие с пропиткой битумом и поливкой водой перед укаткой*
wet sand mix [road] *щебеночное покрытие с поливкой водой перед укаткой*
wheel alignment [auto] *регулировка углов установки колес*
wheel base [auto] *колесная база, расстояние между осями колес*
wheel bearing *роликовый подшипник*
wheel brake [auto] *колесный тормоз*
wheel camber [auto] *развал колес*
wheel steering *управление с помощью рулевого колеса*
wheel track spacing [auto] *ширина колеи*
wheel tread *обод колеса, протектор шины*
wheel tread spacing *ширина колеи*
wheel trim *колпак колеса*
wheel web *диск колеса*
wheel wrench *гаечный ключ для снятия и установки колес*
Whitworth thread *дюймовая резьба, резьба Витворта*
wick lubricated bearing *подшипник с фитильной смазкой*
width across flats *размер (гайки) под ключ*
Wilson transmission *трансмиссия с полуавтоматической коробкой передач*
winch cable *трос лебедки*
window sticker *штрафная наклейка на ветровом стекле автомобиля*
windscreen wipper arm *стрела-направляющая стеклоочистителя*
windshield washer unit (US) [auto] *стеклоомыватель*
wing bolt *барашковый болт, болт-барашек*
wing nut *барашковая гайка, гайка-барашек*
wing screw *барашковый винт, винт-барашек*
winter cover [auto] *жалюзи радиатора*
winter tyre [auto] *зимняя шина*
wiper cam *кулачок стеклоочистителя*
wire-backed tread *протектор с металлокордным основанием*
wire basket *проволочная корзина-багажник*
wire cutter(s) [tool] *кусачки*
wire socket *бобышка (обжимка, головка, муфта) троса*
wire strainer *натяжной винт*
with heavy traffic *с интенсивным движением транспорта*
with intense traffic *с интенсивным движением транспорта*
working circle [gear] *образующая окружность*
working depth [gear] *глубина захода зубьев*
worm *архимедов винт*
worm-and-nut steering *рулевое управление с червячной передачей*

worm and wormwheel *[auto]* червячная передача
worm drive червячная передача
worm drive wheel колесо с червячной передачей
worm-gear drive червячная передача
worm gearing червячная передача
worm gears червячная передача
worm nut винтовая стяжная муфта, длинная накидная гайка
worm screw червяк
worm thread червячная резьба
wrecking car автомобиль технической помощи
wrench [tool] гаечный (трубный) ключ
wrench size across flats размер ключа по зеву

Y

yawn *зазор, люфт*
Y-branch *патрубок с плавным отводом*
year of manufacture *год выпуска*
year of sale *год продажи*
Y-intersection [road] *развилка*
yoke [tech.] *хомут*

Z

z (zone) *зона, район, регион*
zebra crossing [road] *пешеходный переход типа 'зебра'*
zebra markings [road] *разметка типа 'зебра'*
zero adjusting screw *регулировочный винт*
zero adjustment *установка нуля*
zero mark *нулевая отметка (шкалы прибора)*
zero position *исходное положение*
zero visibility *отсутствие видимости, плохая видимость*
zero vizibility *нулевая видимость*
zero wear *нулевой износ, отсутствие износа*
zinc-galvanized steel *оцинкованная сталь*

MIP/L&H
BUSINESS DICTIONARY
ENGLISH-RUSSIAN

АНГЛО-РУССКИЙ
БИЗНЕС СЛОВАРЬ

Moscow International Publishers
in cooperation with
L&H Publishing Co., Copenhagen

MIP/L&H
COMPUTER DICTIONARY
ENGLISH-RUSSIAN

АНГЛО-РУССКИЙ СЛОВАРЬ КОМПЬЮТЕРНЫХ ТЕРМИНОВ

Moscow International Publishers
in cooperation with
L&H Publishing Co., Copenhagen

MIP/L&H
BUILDING & CONSTRUCTION DICTIONARY

ENGLISH-RUSSIAN

АНГЛО-РУССКИЙ СЛОВАРЬ ПО СТРОИТЕЛЬСТВУ И АРХИТЕКТУРЕ

Moscow International Publishers
in cooperation with
L&H Publishing Co., Copenhagen

MIP/L&H

BUSINESS COLLEGE DICTIONARY

ENGLISH-RUSSIAN
RUSSIAN-ENGLISH

БИЗНЕС-КОЛЛЕДЖ СЛОВАРЬ

АНГЛО-РУССКИЙ
РУССКО-АНГЛИЙСКИЙ

**БОЛЕЕ
25 ТЫСЯЧ ТЕРМИНОВ
С ТОЧНЫМ ПЕРЕВОДОМ**

**MORE THAN
25,000 TERMS WITH
PRECISE TRANSLATIONS**

Moscow International Publishers
in cooperation with
L&H Publishing Co., Copenhagen

M.I.P.
Moscow International Publishers

L&H Publishing Co.

> **Installation disk**
> **Computer Dictionary**
> **Serial number: №XXXXXXX**
>
> System of electronic dictionaries
>
> Lingvo ™
>
> ©BIT Software Inc., Moscow, Russia
> ©M.I.P. – Moscow International Publishers, Moscow, Russia
> ©L&H Publishing Co., Copenhagen, Denmark

Компьютерный словарь, англо-русский,
электронная версия для DOS и WINDOWS, 1996
12 000 терминов

Комплект включает одну дискету и инструкции в
оригинальной упаковке.
Программа оболочки рассчитана для DOS и WINDOWS.
Требуемые ресурсы: 1 Mb памяти на жестком диске,
версия DOS не ниже 3.1, версия WINDOWS 3.1

M.I.P.
Moscow International Publishers

L&H Publishing Co.

> Installation disk
> Business Dictionary
> Serial number: №XXXXXXX
>
> System of electronic dictionaries
>
> Lingvo ™
>
> ©BIT Software Inc., Moscow, Russia
> ©M.I.P. – Moscow International Publishers, Moscow, Russia
> ©L&H Publishing Co., Copenhagen, Denmark

Бизнес-словарь, англо-русский,
электронная версия для DOS и WINDOWS, 1996
75 000 терминов

Комплект включает 2 дискеты и инструкции в
оригинальной упаковке.
Программа оболочки рассчитана для DOS и WINDOWS.
Требуемые ресурсы: 3 Mb памяти на жестком диске,
версия DOS не ниже 3.1, версия WINDOWS 3.1

.dic
tion
ary

Отпечатано с диапозитивов в Ивановской областной типографии
Комитета Российской Федерации по печати

153628, г. Иваново, ул. Типографская, 6. Заказ 3699. Тираж 5000 экз.